김석기의 희망이야기

경력이 **미래**를 만든다

김석기의 희망이야기

경력이 미래를 만든다

초판 인쇄 2023년 12월 28일
초판 발행 2024년 1월 5일

지은이 김석기
펴낸이 박유자
전체총괄 박상은
편집책임 김은선
편집 이성주, 강민규, 김민소, 고유리, 지현, 신창화
디자인 임재승
마케팅 김민준
펴낸곳 유엔제이(U&J)
출판등록 2007년 3월 7일 제2007-000035호 ⓒ 2024 유엔제이
주소 (07261) 서울시 양천구 목동동로 233-1, 1402호
전화 02-2672 8301   전자우편 sky05020@hanmail.net

ISBN: 979-11-963151-2-2 03990

값 16,000원

김석기의 희망이야기

경력이 미래를 만든다

김석기 글

기억하고 기록한 후, 새 길을 걷다

이른 새벽이나 깊은 밤이면 종이 한 장을 꺼내놓고 무언가를 쓴다. 인간의 기억은 기록을 바탕으로 '과거를 돌아보고, 미래를 끌어당겨, 현재를 살아간다.'고 생각한다. 어떤 기억은 단지 과거의 기록에 불과할 수 있지만, 모든 기록은 미래를 향해 쓰여야 한다고 믿는 까닭이다. 또한 충실한 기록은 기억의 한계와 공백을 메워준다. 보통 새로운 일을 시작할 때면 생각을 정리하면서 무언가를 쓴다. 나의 기록은 미래를 여는 기억으로부터 시작하기 때문이다.

어느새 한 세대가 지났다고 쓰고, 지나간 한세월을 돌아본다. '한세월'이란 말은 평온하고 한가롭게 보낸 세월을 뜻하지만, 돌아보면 그저 평탄한 시절만은 아니었다. 이 땅에 공직자로서 살아가는 모든 이가 그러하듯이 국가의 심부름꾼인 '공복(公僕)'이란 자리의 무게감은 결코 가볍지 않기 때문이다. 크든 작든, 자리가 높고 낮음에 상관없이 타인을 위해 봉사하는 삶은 순간순간

'사명감' 없이는 견디기 어렵다. 쉽게 말할 수 있어도, 말하지 않는 일이 더 많은 길이 공직자로서의 삶이지 않을까.

처음 행정사무관을 시작으로 공직 생활을 시작한 것이 1993년 4월 19일이다. 한 세대를 가늠하는 시간의 길이는 측정 방식에 따라 조금씩 다르지만, 보통 30년을 말한다. '10년이면 강산도 변한다.'는 옛말을 인용하면 산하가 세 번이나 변할 정도의 세월이다. 지나간 시간을 돌아보면서 짧지 않은 세월 동안 "한결같은 마음으로 나의 길을 묵묵하게 걸었다."라고 어딘가에 적어 놓았다.

나는 공직 생활 동안 '최선을 다했다.'는 말을 아꼈다. 소설가 조정래 선생은 "최선을 다했다는 말을 함부로 쓰지 마라. 최선이란 자기의 노력이 스스로를 감동시킬 수 있을 때 비로소 쓸 수 있는 말이다."라고 했다. 언젠가 그 문장이 지닌 힘의 무게감이 온몸에 전해진 때가 있었다. 그래서 공직 생활을 하는 동안 타인을 향해서는 격려와 위로의 말로 자주 사용했지만, 나 스스로에게는 아껴둔 말이기도 하다.

자기 혁신을 실천하는 삶은 때로 고독하다. 아내가 없었다면, 긴 세월 동안 온몸으로 감당해야 할 일 앞에서 '나답게' 행동하기 쉽지 않았을 것이다. 이른 새벽, 잠들어 있는 아내와 아이의 얼굴을 오래도록 바라보았다. 지금까지의 삶과 다른 길을 걷는다는 건, 두려움보다 외로움에 가깝다. 사회와 경제 등 모든 분야에서 대한민국은 큰 성장을 이루었다. 하지만 정치는 여전히 해결해야 할 과제와 풀어야 할 실타래가 뒤엉킨 채 어둡기만 하다. 쉽지 않은 길임을 알지만, 가야만 할 길이기에 문을 열고 나설 수밖에 없다.

공직자로서의 삶을 마치고 정치인으로서 새로운 길을 걷겠다고 처음 내 생각을 말했을 때, 누군가 쉽고 편한 길이 있을 텐데 굳이 왜 그 문을 열고 들어서느냐고 물었다. 염려 가득한 그의 질문 앞에서 나는 무차별적으로 쏟아지는 화살 앞에 맨몸으로 서 있어야 하는 순간을 상상했다. 그때마다 수많은 우리 아이들의 미래를 떠올렸다. 변화는 누군가, 혹은 무언가를 기다린다고 해서 저절로 찾아오는 것은 아니다. 우리 자신이 우리가 기다리던 사람이어야 하고, 우리가 바로 혁신과 변화를 이끌어야 하는 중심이어야 한다고 나는 믿는다.

세상 모든 일에는 문제가 있다면 반드시 해결 방안도 있기 마련이다. 문제와 답이 따로 분리되어 있지 않은 것이 우리가 살아가는 세상의 이치라고 여긴다. "새로운 것에 대한 선의, 익숙하지 않은 것에 대한 호의를 가져라."라는 니체의 말을 어딘가에 적어 놓았다. 앞으로 문을 열고 나서는 길 위에서 만날 수많은 사람과 일, 그리고 상황을 생각하면 니체의 말은 지향점으로 삼을 만하다.

나는 인간의 선량함을 믿는 사람 중 한 명이다. 선량함의 근원에는 두 가지 핵심 기제가 작용한다. 하나는 sympathy(동정심)이고, 다른 하나는 empathy(공감력)인데, 선한 영향력을 끼친 대부분의 사람들은 이 두 가지 핵심을 놓치지 않았다. 타인을 대하는 마음은 내가 아닌 그들의 관점에서 이해하고, 지향점과 도달점을 같은 눈높이에서 살펴야 한다. 나는 그런 마음으로 2024년 새해에 새로운 문을 열고 나설 것이다. 그 문밖에는 나와 뜻을 함께하는 수많은 동료가 있음을 알고 있고, 그들과 함께 새로운 길을 만들어 가는 것 또한 의미 있는 삶이라 여긴다.

2023년 12월 세밑에

김 석 기

차 례

길을 열며 _ Insight 기억하고 기록한 후, 새 길을 걷다 … **004**

차례 … **008**

머리말 … **014**

제1장
내 유년의 꿈은 진행 중이다

가난을 일상으로 받아들인 시절 … **020**

고향의 품에서 꿈을 키우다 … **021**

새마을 운동 깃발을 흔들며 등교하다 … **026**

국가산업단지 개발로 고향을 떠나다 … **029**

역사의 고장, 성산마을의 추억 … **031**

내 인생의 첫 멘토 … **034**

마산고 시절 … **037**

나의 소중한 평생 친구들 … **039**

"니 남은 꿈이 뭐꼬?" … **040**

고시 공부에 도전하다 … **042**

결혼과 입대, 그리고 가족 … **045**

제2장
공직으로 나가다

꿈을 향한 값진 도전 … 052

대전 엑스포 파견 근무 … 053

1만 시간의 법칙 … 055

도의 경제 기획을 맡다 … 056

2만 불 시대를 여는 경남의 비전과 발전 전략 … 058

경남 아트페어 개최 … 061

남해안 프로젝트 수립 … 062

요트산업 활성화를 위한 해외 방문 … 065

함께 어울려 사는 행복한 세상 … 068

제3장
섬김의 행정을 시작하다(거제 부시장 시절)

또 다른 부름 … 074

이 또한 지나가리라 … 077

살기 좋은 마을이란 어떤 곳인가? … 082

목표보다 방향이 중요하다 … 086

환경문제라면 무조건 선즉제인(先則制人)하라 … 091

미래는 '바로 지금 준비'하는 것이다 … 097

어린이들에게 배운다 … 102

롱런(Long Run)하려면, 롱런(Long Learn)하자 ··· **106**

무엇이 중요한가? 좋은 전쟁도, 나쁜 평화도 없다 ··· **111**

감동은 기적을 이루는 힘을 지녔다 ··· **115**

관점을 바꾸면 없던 것이 보인다 ··· **119**

꽃으로도 때리지 말라 ··· **123**

다시 깨끗해지는 힘, 회복 탄력성을 생각하다 ··· **127**

제4장
낮은 자세로 공복의 의무를 다하다(창원 제1부시장 시절)

능률적이고 건설적인 행정 펼치기 ··· **136**

경남의 미래 성장 동력 만들기 ··· **137**

경남도민신문 인터뷰 ··· **139**

창원 제1부시장으로 부임하다 ··· **150**

시민의 행복을 위한 시정 ··· **152**

자매결연 30주년 기념 잭슨빌시 방문 ··· **154**

모교 창원남중에서 강연하다 ··· **160**

마산 자유무역지역 노사민정 협약 체결 ··· **164**

소나무재선충병 방제에 나서다 ··· **165**

물류센터 건립으로 도소매시장의 경쟁력을 높이다 ··· **166**

소각장 폐열을 기업체에 공급하다 ··· **168**

제5장
1인 3역을 맡다(창원 시장 권한대행 시절)

새로운 여정, 시장 권한대행 … 172

시오노 나나미 〈로마인 이야기〉의 교훈 … 173

노인 일자리 사업 참여자 발대식 … 176

사업 추진 사항 점검 … 178

상생 협력 강화 논의 … 179

정부 6개 부처 릴레이 투어 … 180

노후된 마산의료원을 새로 짓다 … 183

진영전기와 신설 투자 협약 체결 … 184

마산 원도심권 부활을 위한 도시 재생 사업 … 186

창원 국가산업단지 40주년 기념 상징 조형물 건립 … 188

창원 국가산업단지 지정 40주년 기고글 … 190

효성 세계 최대 펌프 시험센터 준공 … 195

돝섬의 산책길 봄단장 … 196

농번기 농촌 일손돕기 … 197

배수펌프장 가동 훈련 … 199

베트남 다낭시 출장–상호 교류 활성화와 투자 협력 강화 … 201

감봉 3월의 징계, 소청심사 통해 승소 이끌어 … 205

5개월간의 1인 3역을 마치다 … 207

제6장
시민과 함께한 발자취(김해 부시장 시절)

중요한 건, 아이들에게 밥을 먹이는 일 … **212**

문제와 해결책, 모두 현장에 답이 있다 … **216**

5,000년 역사와 문화, 그 자체가 우리의 경쟁력이다 … **220**

위기 상황에 처하면 알게 되는 것들 … **224**

1441일! 코로나19와 맞선 대한민국의 우분투 … **229**

우리 모두는 하나, 국제도시 김해를 꿈꾸다 … **235**

섬김의 훈장, 김해시 최우수기관 선정 … **242**

미래의 비전, 주민 스스로 찍은 마침표 … **246**

일류는 무엇이 다를까? … **250**

청년이 살고 싶은 도시, 김해 만들기 추진 … **253**

나의 퇴임사 … **259**

제7장
초점을 맞추기 전까지 햇빛은 아무것도 태우지 못한다

새로운 문을 열다 … **266**

길 위에서 묻다 … **268**

지역과 사람을 위한 정치가 필요하다 … **269**

제22대 국회의원 출마 선언문 … **272**

　스물일곱에 시작한 공직자의 삶이 쉰여덟의 나이에 다다랐습니다. 행정고시 합격 후 '국민을 위해 봉사하는 삶을 살겠다.'라는 다짐은 여전히 변함없건만, 31년이란 세월은 적지 않은 것을 바꾸어 놓았습니다. 우선 세월이 많이 흘렀고, 검은 머리는 반백의 눈꽃으로 뒤덮였습니다.

　공직자의 시간은 일정 나이가 되면 그 자리를 다른 사람을 위해 비워 주어야만 합니다. 매일 아침 출근해서 퇴근하는 시간까지 '그곳'은 나의 삶 대부분이 물든 곳이기도 합니다. 그러고 보니 지난 세월 동안 기쁘고 가슴 벅찬 일도 많았지만 힘겨운 순간도 적지 않습니다. 그때마다 함께해 주신 인생의 귀한 인연들이 있었기에 주저앉지 않고 나아갈 수 있었습니다. 특히 경남도청 공무원과 거제·창원·김해시의 시장님 그리고 공무원 여러분에게 다시 한번 고맙다는 말씀을 드립니다.

　이 책에는 저의 어린 시절부터 현재까지의 살아온 모습이 담겨 있습니다. 제가 공무원으로 첫 근무를 시작할 때부터 틈틈이 기록한 업무일지와 메모 등을 바탕으로 기억을 더듬어 가며 매일 조금씩 쌓아둔 기록입니다. 지난 세월의 기억을 더듬어 가며 공직자의 삶은 어떤 것이며, 그런 경험을 통해 우리는 무엇을 해야 하는지 들려주고자 집필하게 되었습니다.

책을 펴내면서 지난 세월을 돌아보니 고마운 얼굴들이 떠오릅니다. 먼저, 밤늦게 퇴근해도 항상 따뜻하게 맞이해 주는 아내와 딸에게 고맙다는 말을 전합니다. 지금은 제 곁에 계시지 않지만, "늘 올바르게 살아야 한다."라고 하시던 부모님의 말씀을 항상 가슴에 새기고 살아왔습니다. 이제 부모님 중 장모님만 살아 계신데, 늘 가르침을 주시는 분입니다. 오랫동안 건강하시기를 기원합니다.

시정 활동 관련 원고를 쓰는 데 필요한 자료 정리를 도와준 김해시 박소연 님, 거제시 윤명희 님, 창원시 박정현 님, 참으로 고맙습니다. 도서출판을 위해 편집과 마무리까지 애써주신 유엔제이 박상은 실장님께도 감사의 마음을 꼭 전하고 싶습니다.

31년 전 중앙공무원 교육원장님 앞에서 "본인은 공직자로서 긍지와 보람을 가지고 국가와 국민을 위하여 신명을 바칠 것을 다짐하면서 다음과 같이 선서합니다."라고 말한 공직자 선서문을 기억합니다. 이제 저는 공직자로서 살아온 그동안의 경험을 바탕으로 새로운 길을 향해 나아갈 것입니다. 언젠가 "헌법을 준수하고 국민의 자유와 복리의 증진 및 조국의 평화적 통일을 위하여 노력하며, 국가 이익을 우선으로 하여 국회의원의 직무를 성실히 수행할 것을 국민 앞에 엄숙히 선서"하는 날이 올 때, 그날을 국민을 위해 봉사하는 삶의 첫날로 삼고 최선을 다할 것입니다.

　귀한 인연을 맺은 여러분 덕분에 제가 여기 있습니다. 고맙습니다!

2023년 12월
봄을 기다리는 마음으로
김 석 기

제1장

내 유년의 꿈은 진행 중이다

가난을 일상으로 받아들인 시절

경제적으로 힘든 궁핍의 시절을 이야기할 때면 꼭 소환되는 단어가 있다. 바로 '보릿고개'다. 보릿고개는 '햇보리가 나올 때까지의 넘기 힘든 고개'라는 뜻으로, 전통 농업국가인 우리나라 농가에서 묵은 곡식은 거의 다 떨어지고 보리는 미처 여물지 않아 풀뿌리나 나물죽, 그것도 없으면 물로 주린 배를 채워야 했던 춘궁기의 아픈 이야기다.

요즘 세대는 보릿고개가 뭔지도 모르는 사람이 태반이다. 그렇다 보니 보릿고개는 그저 우리 민족의 애환이 담긴 역사 속 추억의 단어가 되고 말았다. 그 시절, 얼마나 배가 고팠으면 허기진 사람들의 눈에 하얗게 핀 이팝나무꽃이 쌀밥처럼 보여 '쌀나무'라는 별칭까지 얻었을까? 정말 노래 가사처럼 '가슴 시린 보릿고개'였을 것이다. 그 아픈 보릿고개를 대물림하지 않으려는 우리 부모 세대의 각고의 의지와 노력이 없었다면 과연 우리가 오늘날과 같은 풍요와 부를 누릴 수 있었을까? 따지고 보면 보릿고개는 우리가 꿈과 희망을 품고 앞으로 나아가게 하는 밑거름이었다. 그리고 마음의 보릿고개를 넘으려는 우리의 싸움은 여전히 계속되고 있다. 누구나 행복을 꿈꾸기 때문이다.

내 유년시절에도 '가난'은 보통명사였다. 집집마다 사는 형편이 고만고만했고, 학용품이며 옷가지 등 모든 물자가 귀했다. 흰쌀밥은 명절 때나 되어야 구경할 정도였다. 작은 땅뙈기에 매달려 농사를 지어 봤자 보잘것없는 소출로는 식구들 입에 풀칠하기도 어려웠고, 농사 외에는 딱히 벌어먹고 살 만한 일거리도 없었다. 그나마 학교에 다니며 공부할 수 있는 것만도 행복이었다. 사실, 어릴 적에 나는 그게 가난인지도 몰랐고 다들 그렇게 사는 것이 당연한 줄로만 알았다. 다시 말해 가난을 일상으로 받아들이며 살았다.

고향의 품에서 꿈을 키우다

내가 나고 자란 곳은 경상남도 창원 성산 새터마을이다. 증조할아버지 때까지 창원시 동읍 곡목마을에서 살았는데 할아버지 대부터 성산 새터마을로 옮겨와 농사를 짓고 살았다. 곡목마을은 김해 김씨 집성촌으로, 30대 이상의 선조부터 고조할아버지까지 무덤이 있어 매년 시제를 모시고 있다.

할아버지 김성복 님은 내가 태어나기도 전에 돌아가셔서 얼굴도 뵙지 못했다. 할머니 어소선 님은 열두 명의 자녀를 낳았으나 어려서 여섯 명을 잃었다. 아버지와 고모 네 분, 막내 삼촌까지 여섯 분만 남았다. 할머니는 장남인 아버지가 모시고 사셨는데 내가 초등학교 3학년 때 돌아가셨다. 할머니께서 동네 잔치에 다녀오실 때면 꼭 떡이며, 약과, 돼지머릿고기 등 잔치 음식을 싸 가지고 와서 우리에게 나누어 주시던 기억이 난다.

나는 4남매의 막내로 태어났는데, 위로 형 둘에 누나가 한 분이다. 부모님은 조용하시면서도 심지가 굳으신 분들이었다. 자식들을 위해서라면 궂은일도 마다하지 않으셨고 항상 최선을 다하셨다. 없는 살림에 네 남매를 키우시느라 삶이 고단하고 퍽퍽했을 텐데도 전혀 내색하지 않았다. 어느 날 문득 두 분의 야윈 어깨와 초라한 뒷모습이 눈에 들어오면서 어린 나이에 이런저런 생각이 많아졌다. 아마 그 때문에 일찍 철이 든 것 같다.

아버지는 과묵한 성격이라 평소에도 말씀이 없으셨으나 우리 형제들을 바라보시는 눈빛에는 늘 사랑이 담겨 있었다. 아버지는 엄격한 훈육 대신 우리에게 사랑을 가르치셨다. 그 사랑은 곧 우리를 믿어주고 지켜주며 우리가 꿈을 이루어 나가도록 곁에서 늘 함께하겠노라는 약속이었다.

'부모는 자식의 거울'이라는 말이 있다. 몸으로 가르치는 것은 저절로 따르게 된다는 뜻이리라. 많은 말로 가르치는 대신 당신의 아낌없는 사랑을 고스란히 보여주면서 아버지는 나에게 멀리, 길게 내다보고 인내하며 나아가는 마음가짐을 길러주셨던 것 같다.

어릴 적 나는 활기 넘치는 천둥벌거숭이였다.

어느해 겨울, 아궁이 앞에서 불을 쬐다 바지를 태워 먹은 적이 있다. 눈밭에서 친구들과 신나게 뒹굴다 보니 온몸이 꽁꽁 얼었고, 불가에 있으니 몸이 노곤해지면서 바지가 타는 줄도 몰랐다. 당시는 질기고 가벼운 나일론 제품이 선보이기 시작한 때였다. 한창 자랄 때라 뛰어놀다 보면 무명옷은 금세 때가 타고 해지기 일쑤였다. 없는 살림에 어렵사리 마련해준 바지를 태워 먹은 나는 그만 얼굴이 하얗게 질렸다. 그날 칠칠치 못하게 바지를 태웠다고 어머니에게 혼이 났지만 아버지는 별다른 말씀이 없으셨다. "사내 녀석이 놀다 보면 그럴 수도 있지……."라고 혼잣말을 하신 것이 전부였다.

한번은 학교 갔다 오는 길에 친구들과 길가의 수박밭에서 수박을 따 먹은 적이 있다. 하굣길이라 배도 고팠고, 우리 딴에는 영웅심리 비슷한 무모한 용기가 났던 것이다. 그 시절에는 아이들이 몰래 수박 한두 개 정도 서리하는 것은 눈감아 줄 만큼 인심이 후했다. 모두 사는 형편이 어렵다 보니 일종의 암묵적인 나눔이었을 수도 있다.

한창 자라는 나이의 아이들은 호기심도 많았고 재미삼아 가끔씩 그런 짓을 했다. 그런데 수박만 살짝 따오면 될 것을 몇 명이 달려들어 서로 따려고 몸싸움을 벌이다 수박밭을 짓밟아 망가뜨리고 말았다. 결국 수박밭 주인이 집까지 쫓아왔다. 아버지는 수박밭 주인한테 정중하게 사과하시며 용서를 청하셨다. 하지만 나한테는 그저 "앞으로는 그러지 말아라."라고 한마디 하셨을 뿐이다.

설명절 때 조상에 차례를 지내는 아버지(김경하) 모습

어머니는 따뜻하고 부지런한 분이셨다. 농사일이 고되셨을 텐데도 텃밭에 식구들을 먹일 푸성귀까지 가꾸느라 허리 한 번 제대로 펴실 날이 없었다. 그래서 나이 드신 후 무릎이며 허리가 온전치 않아 수술을 받으셔야 했다. 집안이 가난하니 우리는 용

돈 같은 건 꿈도 못 꾸었다. 대식구 먹여 살리는 일이 보통 힘든 일이 아니라 그저 세 끼 굶지 않고 산 것만도 부지런하고 알뜰하신 부모님 덕분이었다. 어머니는 어쩌다 푼돈이 생기면 찬장 안에 모아두셨는데 나는 몰래 동전을 꺼내 군것질을 하기도 했다. 어머니는 막내 짓인 줄 아시면서도 모른 척하셨다. 지금 생각하면 너무나 부끄럽고 죄송하다.

성산마을은 배산임수의 전형적인 농촌 마을이었다. 마을 뒤쪽으로는 성산이 병풍처럼 둘러싸고, 마을 앞에는 남천이 유유히 흐르는 평화로운 곳이었다.

자연은 가진 자나 못 가진 자나 가리지 않고 모두에게 넉넉한 품을 내준다. 당시에는 게임기나 컴퓨터, 스마트폰 등은 세상에 나오지도 않았을 때였고, 시골 마을에서는 텔레비전도 구경하기 힘들었다. 지금처럼 학교 수업이 끝나면 학원으로 직행해야 하는 것도 아니어서 우리는 산과 강, 들판에서 마음껏 뛰어놀았다. 친구들과 함께 성산 산마루를 오르내리며 새·둥지를 뒤지고 다니고,

성산마을 옛터 비석

남천에서 미역을 감고 물고기를 잡는 일은 무척 즐거웠다. 그 시절 우리에게는 가난이 문제가 되지 않았다. 사는 처지가 서로 비슷비슷하다 보니 '없다'는 것이 우리를 힘들게 하거나 부끄럽게 하지 않았다.

새마을 운동 깃발을 흔들며 등교하다

여덟 살 때 안남초등학교에 입학했다.

정확히 말하면 초등학교가 아니라 국민학교다. 일제의 잔재 청산을 목적으로 1996년부터 초등학교로 이름이 바뀌었으니까. 나는 친구들과 함께 새마을 운동 깃발을 들고 학교에 갔다. 새터마을에서 남천 다리를 건너 학교까지 씩씩하게 깃발을 흔들면서 말이다.

1970년 초부터 전국적으로 새마을 운동이 한창이었다. 새마을 운동은 범국민적이고 범국가적인 차원에서 근면·자조·협동의 기본 정신과 실천을 추진한 운동으로, 상대적으로 낙후돼 있던 농촌 지역을 개발하는 것이 목표였다. 대부분의 사람들이 농촌 새마을 운동으로 알고 있는데, 정부의 지원에 힘입어 전국적으로 확대되면서, 농촌개발 사업에 머물지 않고 도시를 비롯해 공

안남초등학교 2학년 때 성산에 오르는 모습

장과 직장 등 한국사회 전체의 근대화 운동으로 발전했다.

새마을 운동의 의의와 평가에 대해서는 이견이 다양하지만
어쨌든 전통적인 우리 농촌이 현대적 변화를 꾀하는 데 크게 기
여했다고 볼 수 있다. 다시 말해
농촌사회가 안고 있는 고질적인
봉쇄성과 숙명론적 체념성, 그리
고 지역 지향성 등을 타파하는
데 중점을 두었다. 초기의 새마
을 운동은 '농촌의 사회적 혁명'
이라 불리기도 했는데, 우리나라
역사상 유례없는 성공을 거둔 사

〈새마을〉 잡지

회변동으로 평가된다.

새마을 운동이 무엇인지도 모르는 초등학교 1학년 어린이가 깃발을 흔들며 등교하던 모습을 떠올리면 짐짓 웃음이 나온다. 아무튼 유년의 나는 그렇게 역사의 흐름에 동참했다.

초등학교 2학년 때에는 큰 비가 내려 남천이 범람하고 다리가 무너져 마을이 꼬박 1주일간 고립되기도 했다. 학교는 하루라도 빠지면 큰일 나는 줄 알았던 나는 발을 동동 굴렀다.

무상한 게 세월이라고, 강산이 다섯 번은 변했을 지금 초등학교 시절은 기억이 가물가물하다. 하지만 친구들과 함께 신작로를 걸어 학교에 가던 유년의 내 모습은 머릿속에 오롯이 남아 있다. 문득 그 시절에 대한 그리움으로 맘이 울컥해지면서도 이런저런 일들이 가슴을 적신다.

집에서 학교 가는 길목에 있는 논에는 봄이면 보리가 무성하게 자라고 가을이면 누렇게 익은 벼들이 황금물결을 이루고는 했다.

봄날은 유난히 길었고, 학교 파하고 돌아오는 길은 늘 배가 고팠다. 친구 몇 명이서 남의 논에 익어가는 보리이삭을 몰래 꺾어다 불에 살라먹기도 했다. '보리서리'를 한 것이다. 마른 나뭇가지를 주워 불을 피우고 시커멓게 탄 보리이삭을 뜨거운 줄도 모르고 손으로 비벼 입에 넣고 씹었던 기억, 검댕으로 범벅이 된 얼굴을 서로 가리키며 깔깔대던 그 시절을 떠올리면 가슴이 아릿하다. 때로는 들판을 휘젓고 다니며 개구리를 잡아 구워 먹은 적도 있었는데, 먹고 돌아서면 마냥 배가 고프던 시절이었다.

국가산업단지 개발로 고향을 떠나다

1974년, 우리 가족은 큰 변화를 맞이하게 되었다. 산업기지 개발 촉진법에 의해 창원시 일대가 산업기지 개발구역으로 지정되면서 총 면적 20.20㎢의 대규모 기계공단 조성 사업이 시작된 것이다. 우리 마을도 국가산업단지 부지로 지정돼 오랫동안 살아온 터전을 내주고 다른 곳으로 이주해야 했다.

평생 땅만 일구어 먹고살던 농부들에게는 그야말로 마른하늘에 날벼락 같은 소식이었다. 하루아침에 농토를 잃었으니 당장 무엇을 해서 먹고살아야 할지 막막할 뿐이었다. 마을 주민들은 서로 얼굴을 마주치면 한숨을 쉬며 한탄했다. 그리고 마을에서는 날마다 반대 집회를 열었다. 그 당시는 유신체제였고, 국가 재정이 부족했기 때문에 보상금은 쥐꼬리만 했다. 그 보상금으로는 고향을 떠나 외지로 가서 식구들이 몸을 누일 단칸방 하나

얻기도 힘들었다.

　그해, 우리 집은 그때 돈으로 60만 원을 대출받아 중앙동에 작은 집을 하나 마련했다. 빌린 원금과 이자를 갚는 데 무려 20년이나 걸렸다. 가장인 아버지는 공사장을 전전하며 일을 했다. 어머니는 집안일을 하면서도 부업으로 취로 사업에 나가기도 했다. 처음에는 가족 모두 새로운 환경에 적응하지 못해 어려움을 겪었지만 차츰 적응해 나갔다. 우리 고향도 변화의 물결을 타고 새로운 장을 맞이하게 되었다. 창원과 경상남도 경제의 역사이자 우리나라 공업의 발전사로 축약되는 '창원 국가산업단지'는 기업가와 노동자에게 꿈과 기회의 땅이 된 것이다.

　2024년이면 창원 국가산업단지가 조성된 지 어느덧 50주년을 맞는다. 1974년 제3차 경제개발 5개년 계획의 목표는 중화학공업 육성이었다. 우리나라의 산업 구조를 경공업 중심에서 중화학공업 중심으로 고도화하기 위한 정책의 일환으로 조성된 것이었다. 창원이 지형적·지리적 조건에 적합하고, 인접 지역과 긴밀한 연결을 꾀할 수 있는 물류 교통 및 인력 등 공단 조성에 최적의 요건을 갖추었기 때문이다. 오늘날 공업계의 꿈의 도시가 된 창원의 새 역사는 그렇게 시작되었다.

역사의 고장, 성산마을의 추억

　나의 고향 성산은 철기 시대 유물과 패총(조개무지)이 발견된 역사적으로 중요한 유적지였다. 그런데 국가산업단지를 조성하기 위해 성산 전체가 흔적도 없이 사라지게 되었다. 성산의 산야를 허물고 깎아 공단 부지로 조성하기로 계획된 것이었다.

　이 소식을 접한 마을 주민들은 결사반대했다. 비록 조상들의 뼈가 묻힌 오랜 터전이요, 자신들이 나고 자라 일가를 이루고 자식을 낳아 키우며 살아온 곳을 떠날 수밖에 없지만 고향의 흔적은 남겨야 한다고 강력히 주장했다. 그래서 사적 제240호인 성산패총과 유물 전시관이 보존될 수 있었다. 얼마나 다행인가! 경제 발전도 중요하지만 우리 조상들의 얼이 서리고 자취가 고스란히 담긴 유물과 유적지를 훼손하는 일은 우리의 뿌리를 없애는 것과 마찬가지다. 고향 마을을 잃은 원주민들의 반대와 호소 덕분에 옛 마을의 흔적이 비석으로 세워졌고, 지금도 공단과 도로변 공원 등에

유허비

수십 개의 유허비가 남아 있다.

새터마을 남천가에는 '산태방구'라는 커다란 너럭바위가 있었다. 미끄럼틀처럼 생겨 타고 내려가면 물로 떨어지는 큰 바위였다. 여름철이면 동네 아이들뿐 아니라 인근 마을에서 몰려온 아이들까지 물놀이를 즐겼다. 하지만 안타깝게도 이 너럭바위 또한 국가공단 개발 과정 중에 사라졌다. 바위를 깨서 각종 건설공사 자재로 쓰였다고 한다.

국가산업단지 개발로 인해 중앙동으로 이사한 나는 그해 9월 상남초등학교로 전학을 갔다. 환경이 달라져서 그런지 낯설고 위축되었다. 그때 우연히 같은 반 강성철이란 친구와 가까워지면서 나는 빠르게 학교에 적응할 수 있었다. 이후 수십 년

상남초등학교 6학년 가을 소풍

이 지난 지금까지도 변함없이 끈끈한 우정을 나누고 있으니, 죽마고우인 셈이다. 성철이는 얼굴도 희고 잘생겼으며 공부도 잘했다. 특히 축구를 잘해서 또래 아이들의 부러움을 샀고 인기가 많았다.

우리는 상남초등학교를 졸업한 뒤 창원남중에 나란히 입학했으며, 마산고 동창이기도 하다. 10년 이상 함께 공부하며 지내는 동안 우리는 거의 형제와 다름없이 가까워졌다.

이후 내가 서울에서 대학을 다니게 되면서 한동안 떨어져 지내야 했다. 하지만 행정고시 합격 후 고향 창원으로 내려오면서 우리의 우정은 계속되었고, 지금도 같은 아파트 단지에서 20년 넘게 이웃해 살고 있다.

남달리 운동신경이 뛰어났던 성철이는 축구뿐 아니라 못하는 운동이 없고 성격도 활발했다. 특히 테니스를 좋아해 창원시 테니스협회 회장과 경남테니스협회 부회장을 맡아 지역 체육 활성화에 크게 기여하고 있다. 학우회 동기 모임이 지금까지 원활하게 맥을 이어오고 있는 것도 적극적으로 나서서 애쓰는 그 친구 덕분이라고 할 수 있다.

내 인생의 첫 멘토

1978년, 남녀 공학인 창원남중에 입학했다.

중학교 시절을 떠올리면 2학년 때 담임인 명성갑 선생님을 잊을 수가 없다. 중학교에 입학해서도 나는 장난기 많은 철부지였다. 한 번은 물총놀이를 하며 신나게 놀다가 그만 친구의 책과 노트를 적셔서 못 쓰게 하고 말았다. 그날 담임 선생님께 된통 혼이 나고 매까지 맞았다. 어린 나는 그 일로 마음이 상해 선생님을 보아도 눈을 마주치지 않고 피했다.

그해 여름방학 때였다. 학교에 놀러 왔다가 무심코 우리 반 교실 문을 열었는데, 교실에 선생님이 앉아 계시는 게 아닌가. 선생님은 나를 보고 깜짝 놀라셨다. 날이 더워서 선생님은 러닝셔츠 바람이었고 땀을 뻘뻘 흘리면서 열심히 책을 읽고 계셨다.

나를 보신 선생님이 "너, 공부하러 왔노?" 하고 물으셨다. 나는 대답도 못 하고 고개만 숙였다. 선생님은 경남대 법대를 졸업하셨는데 사법고시에 실패한 뒤 모교에서 후배를 가르치는데 열정을 쏟으셨다. 우리 집안 형편을 아신 선생님은 방학 때 학교에 나와 공부하라고 하셨으나 나는 말을 듣지 않고 있던 상황이었다.

나는 선생님께 무슨 책을 보시느냐고 물었다. 선생님은 사법

창원남중 3학년 수학여행(설악산)

고시를 공부한다고 대답하셨다. 곰곰이 생각해 보니 집에서는 집중이 되지 않아 방학 때 학교에서 사법고시 공부를 하려고 결심하신 듯했다. 그래서 나한테도 공부하라고 권유하신 것이었다. "이번이 마지막 시험이다. 이번에 떨어지면 군대를 가야 한다."면서 선생님은 의연한 표정으로 입술을 꼭 다무셨다. 어린 내게는 그 모습이 멋지고 당당해 보였다.

그날 나는 비로소 공부를 해야겠다고 마음먹었다. 다음날부터 바로 학교에 나와 선생님과 함께 공부했다. 덕분에 20등이던 내 성적이 5등까지 올랐다. 그리고 남녀 공학이라 평균 85점 이상이면 학교에서 성적우수 배지를 주었는데, 공부 잘하는 아이들은 그 배지를 달고 다녔다. 나는 어떻게 해서든 그 배지를 받고 싶었다. 목표가 생기자 나는 더욱 열심히 공부했고, 결국 배지를 받아 당당하게 달고 다녔다. 배지는 내가 노력해서 이룬 결실이자 자랑이고 기쁨이었다.

선생님은 공단 관리청에 국가산업단지 개발로 이주한 학생인 나를 장학생으로 추천해 주셨다. 그래서 공단 관리청에서 주는 장학금 10만 원을 받았는데, 그때 돈으로는 매우 큰 액수였다. 그 일로 나는 집안의 자랑거리가 되었다. 부모님이 환히 웃으시며 좋아하시는 모습을 보며 두 분을 기쁘게 해 드릴 수 있어 가슴 뿌듯했던 기억이 생생하다.

그때 나는 중요한 깨달음을 얻었다. 우리에게 주어진 시간은 똑같지만 무엇을 하느냐에 따라 그 가치가 달라진다는 것과 무언가 성취하기 위해서는 그 대가를 치러야 한다는 것을 알게 된 것이다.

학교가 쉬는 방학 중에도 자신의 목표를 위해 열심히 노력하시는 선생님의 모습은 내게 새로운 열망의 눈을 뜨게 해주었다. 그렇게 선생님은 내 인생의 첫 번째 멘토가 되셨다. 선생님을 통해 내가 무엇을 하고 싶은지 생각하게 되었고, 그 목표를 이루기 위해 어떻게 해야 하는지 본보기가 되어 깨우쳐 주신 것이다. 나는 그렇게 철이 들어 갔고, 꿈을 향해 한발 두발 나아갈 수 있었다.

마산고 시절

　중학교를 졸업하고 마산고등학교에 진학했다. 등하교하는 데만 2시간이 넘게 걸렸는데, 버스 정류장에서 내려 학교까지 10분을 더 걸어가야 했다. 시간이 늦어 뛰어가다 보면 여름철에는 온몸이 땀으로 범벅이 되고는 했다. 쉬는 시간에 학교 수돗가에서 차가운 물로 등목을 하던 기억이 난다.

　마산고 3학년 때 담임이셨던 주우진 선생님도 내 삶을 이끌어 주신 소중한 분이다. 선생님은 마산고 선배로서 후배인 제자들을 누구보다 열정적으로 가르치셨다. 수학 과목을 담당하셨는데, 수학 공식은 물론 삶에 적용할 수 있는 공식과도 같은 말

마산고 1학년 때 학우회 친구들과 함께

씀을 많이 들려주셨다. 방학 때 창원에서 마산까지 등하교하는 데 시간이 많이 걸려, 집 근처 창원 도서관에서 공부를 했다.

그 당시 같은 창원남중에서 마산여고로 진학한 여학생들과의 모임인 '학우회'가 있었다. 학우회는 의무적으로 가입해야 했다.

고등학교 1학년 봄으로 기억된다. 토요일 오전 수업이 끝난 뒤 우리는 중앙동 뒷산에 올랐다. 선배들이 기강을 잡는다고 동기 남학생들에게 얼차려를 시켰고, 그다음에는 억지로 막걸리를 권하더니 노래를 부르게 했다. 학우회 전통이라고는 하나 나는 불합리하다고 여겨 몇 번 더 참석하고는 가지 않았다.

고시에 합격하고 서울에서 고향으로 내려온 뒤부터 다시 만나 주기적으로 모임을 갖고 있다.

학우회 친구들과의 모임

나의 소중한 평생 친구들

마산고등학교 시절에는 김낙규라는 친구와 가까이 지냈다. 낙규는 마산고 졸업생들 중에 친한 친구 몇 명을 모아 '무명회'를 결성하기도 했다. 2002년에 무명회 가입을 권유해 들어갔다. 모임에 들어가려면 회원 전원의 동의가 있어야 하는데 모두 나를 흔쾌히 받아주었다. 모임은 정기적으로 이루어지고 있으며, 아이들이 어릴 때는 가족 동반 여행도 하는 등 즐거운 시간을 보냈다.

30세에 공인회계사가 된 낙규는 머리가 좋은 친구다. 또 성격이 워낙 소탈하고 활달해 각종 모임을 주도하면서도 사회자 역할을 잘해냈다. 마산고 동문회에 적극적으로 참여하며 감사직을 맡아 지금까지 훌륭하게 수행하고 있다. 그는 정치에 꿈을 갖고 정진하던 중 설암에 걸려 몇 년을 고생하

마산고 3학년 때 교정에서 친구들과 함께

덕유산에서 김낙규·김흥구와 함께 (2007년 2월)

다 다행히 완치되어 건강을 회복했다. 지금은 나의 꿈을 위해 많은 도움을 주는 고마운 친구다.

"니 남은 꿈이 뭐꼬?"

뭐니 뭐니 해도 고등학교 동창이 가장 스스럼없이 가깝고 평생 친구가 되는 법이다.

김흥구는 고등학교 2학년 때 같은 반이었다. 학교 다닐 때만 해도 서로 가까워질 기회가 없어 잘 모르고 지냈다. 그러다 공직을 맡아 창원에 내려온 뒤 마산고 동기회 모임에서 다시 만나 지금까지 30여 년을 절친으로 지내고 있다.

흥구는 성원건설에 취직했으나 30대 초반에 회사가 부도가 나는 바람에 직장을 잃었다. 그 후 식당 자재 납품 등 여러 가지 일을 하면서 힘들게 살기도 했다. 그 친구는 아들이 하나고 나는 딸이 하나여서 가족끼리 식사도 하고 여행도 함께 하며 허물없이 오가는 사이로 한 가족이나 다름없다.

지금은 의사인 형님 김흥주와 함께 '행복한 요양 병원'을 운영하고 있다. 대외적으로 활동이 많고 술을 좋아해 한잔하고 집에 들어가는 날이 많은데, 그럴 때면 꼭 나한테 전화를 걸어 "니 남은 꿈이 뭐꼬?"라고 묻는다. 내가 일상의 나태함을 경계하고 도전적인 삶을 살도록 늘 격려하는 좋은 친구다.

나이가 드니 무엇보다 건강을 잘 챙겨야겠다는 생각이 앞선

경주 보문단지에서 흥구의 아들 환길이와 내 딸이 자전거를 타는 모습

다. 뇌출혈로 건강이 좋지 않아 걱정되지만 얼른 회복해 함께 술잔을 기울이며 쌓아둔 속이야기를 허심탄회하게 나누고 싶다.

고등학교 때에는 문과에 우수한 학생들이 많이 지원하고 반은 적어서 내신성적이 좋지 않았다. 나는 육군사관학교에 진학하기 위해 주요 과목인 국·영·수 위주로 공부했다. 그리고 필기시험에 통과해 실기시험을 보러 가던 날, 인천에 사시는 형님 집에서 출발해 태릉 육군사관학교 실기시험장까지 먼 거리를 이동해야 했다. 혹시라도 늦을까 봐 시험장까지 막 뛰어갔는데, 너무 긴장을 한 탓인지 신체검사에서 혈압이 높게 나와 탈락하고 말았다.

할 수 없이 일반 대학에 가기 위해 학력고사를 치렀다. 하지만 육사 시험을 준비하느라 사회과목 공부를 아예 하지 않아 점수가 낮게 나왔다. 결국 재수를 해서 고려대 행정학과에 입학했다.

고시 공부에 도전하다

대학 입학 후 나는 행정고시를 준비했다. 고려대 중앙도서관 고시 전용 공간에는 30여 명이 들어갈 수 있었는데, 입실을 위해서는 시험에 통과해야 할 만큼 조건이 매우 까다로웠다. 학교 수업과 시험공부를 병행해야 해서 늘 밥 먹을 시간과 잠잘 시간도 모자랐다. 대학 시절을 떠올리면 그저 책상 앞에 앉아 씨름했던 기억밖에 나지 않는다.

고려대학교 졸업, 동기들과 함께 (1998년)

1년을 꼬박 아침 6시부터 밤 11시까지 책에 매달려 강행군하다 보니 체력이 바닥났다. 원하는 바를 이루려면 무엇보다 체력이 중요하다는 것을 그때 절실하게 깨달았다. 몸을 쓰는 일이 아니라 머리로 하는 일도 많은 에너지를 소모하기 때문이다. 아침 먹기 전 대운동장을 몇 바퀴 뛰고, 점심식사 전에 허리와 팔다리 강화를 위해 체력 단련실에 들러 근력을 길렀다. 성실하게 노력하는 것도 체력이 뒷받침되어야 결실을 맺을 수 있다는 것을 일찌감치 터득한 셈이다. 이는 고시에 합격하고 나서 31년간의 공직 생활을 해오는 동안 내 생활의 기본 신조가 되었다.

대학 2학년 때 맹장 수술을 받았는데, 한 달 뒤에 바로 전방 부대 입소 교육을 받았다. 당시는 대학생이면 필수 과목으로 들어야 했던 군사 교육이 있었던 시절이었다. 최전방에서 1주일간 군인과 똑같이 경계 근무를 서며 국방의 엄중함을 체험하도록 하는 교육이었다. 전방부대 입소 반대 데모를 하다 밤 12시에 입소하느라 운동장을 도는 얼차려를 받아야 했다. 그때 허리 디스크에 탈이 나서 무척 고생했던 기억이 잊히지 않는다. 지금도 가끔씩 디스크에 이상 증상이 나타나 힘들 때가 있는데, 그래서 하루도 빠짐없이 단 몇 분씩이라도 걷는 습관을 갖게 되었다.

3학년 때부터 고시 공부에 본격적으로 뛰어들었다. 대학 졸업 후 1989년 대학원에 진학했는데 그때 고려대학교 행정학과 한 해 후배인 아내 박윤희를 만났다.

힘든 고시 생활 속에 우리는 짬을 내어 연애를 했는데, 안문석 교수 연구실에서 함께 공부를 하는 것이 우리의 데이트였다. 아내는 안문석 교수님의 조교로 일했고, 이 인연으로 안 교수님은 결혼식 때 주례를 서 주셨다. 주말에는 만화방에서 만화책을 뒤적이며 머리를 식히고, 저녁을 먹거나 영화를 보고 다시 각자 공부하기 위해 헤어지고는 했다.

꽃이 피었다 지는 줄도 몰랐고 크리스마스나 연말이 되어 모

대학원 졸업식 때 부모님과 함께 (1993년 2월)

두 들떠 있어도 마음 한 번 편하게 어울리지 못했다. 그저 오로지 목표한 바를 이루는 것만 생각했다. 고시 공부하랴, 석사 과정 준비하랴 몸이 열 개여도 모자랄 때였다. 남들보다 석사학위 취득이 늦어진 것도 당연한 일이었다.

결혼과 입대, 그리고 가족

우리 부부는 1994년 10월 16일에 결혼해 1999년 1월에 딸을 낳았다.

장인 장모님이 딸아이를 봐주시고 아내는 1년 동안 고시를 준비했지만 합격하지 못했다. 하지만 아내는 객관적이며 합리적인 사람이다. 어려운 일이 있으면 늘 아내와 의논하며 도움을

결혼식 사진

받는다.

　결혼할 무렵, 나는 육군장교를 육성하는 보병학교에서 훈련을 받고 있었다. 1992년에 드디어 행정고시에 합격해 1년 동안 행정사무관 시보로 근무하던 중 뒤늦게 입대를 한 것이다. 훈련을 마치고 15보병사단 50연대 인사장교 보직을 받아 군 관사에 입주했다.

　강원도 화천군의 겨울은 길고도 혹독했다. 겨울에도 온화한 남쪽 지역에서 자란 내게는 견딜 수 없을 정도로 추웠다. 손가락은 동상에 걸려 퉁퉁 부어올랐고, 숨만 내쉬어도 입김이 허옇게 얼어 입 주위가 뻣뻣해지고는 했다. 관사 보일러가 얼어 터지는 일이 비일비재했고, 날마다 차량 앞유리에 두껍게 얼어붙은 성에를 닦아내는 것도 보통일이 아니었다.

1996년에는 작은형이 교통사고로 돌아가셨다. 작은형은 부산대 사범대 상업교육학과를 졸업하고 교사 생활을 하다가 갑자기 세상을 떠났으니 젊은 자식을 불시에 앞세운 부모님 마음이 오죽했을까 싶다. 세 살 위인 형과는 어릴 때 늘 붙어 다니며 다투기도 많이 했다. 형은 공부도 잘했고 내가 모르는 것을 많이 가르쳐 주었다. 뭐든 형을 따라 하던 내게도 하늘이 무너지는 것만 같은 큰 충격이었다. 큰형, 누나, 작은형 모두 내게는 부모 다음이자 든든한 울타리였다. 철없던 막내를 늘 감싸고 보살펴주고, 어려운 시절 묵묵히 각고의 시간을 견디며 서로를 응원해 준 끈끈한 가족이었다.

큰형은 인천 대우자동차에 오랫동안 근무하다 은퇴했다.

누나 이야기를 하자면 눈물부터 난다. 나보다 다섯 살 위인 누나는 엄마처럼 나를 챙겼다. 가난한 집안에 태어나 어렵사리 중학교를 졸업하고 마산 수출자유지역에 있는 공장에서 일하며 우리 형제가 공부할 수 있게 많은 도움을 준 분이다. 누나가 퇴근할 시간이 되면 버스 정류장에 가서 기다리다 같이 돌아오던 그때가 무척 그립다.

1992년, 매형이 교통사고로 돌아가셨는데, 생각해 보면 참 가

슴 아프고 감사한 누님이
다. 2020년에는 누님마저
두 아들을 남기고 세상을
떠났다. 두 조카는 지금도
우리와 가끔씩 만나며 사촌
끼리 모임도 갖고 있다.

가족과 함께

　어머니가 세상을 떠나신
지도 어느새 6년이 된다.
부모님이 살아오신 흔적,
우리 남매가 부대끼며 성장
하던 흔적이 고스란히 묻어 있는 집은 그대로 가지고 있다. 고향
마을 성산의 품은 늘 아늑했다. 사랑으로 품어주신 내 아버지 어
머니처럼. 그리고 형제들, 친구들, 이웃들, 학교 선생님들. 그분
들이 있어서 오늘날 내가 큰 뜻을 품고 세상을 향해 도전해 나
갈 수 있는 것이다.

　내 유년의 꿈은 아직도 진행 중이다. 서로 아끼며 사랑하고 행
복으로 나아가는 삶이 하나하나 차근차근 이루어질 때까지.

제2장

공직으로 나가다

꿈을 향한 값진 도전

어릴 적, 우연히 마을 뒷산 꼭대기에서 먼 곳의 풍경을 바라보던 기억이 난다. 아마 친구들과 어울려 놀다 보니 어느덧 산꼭대기까지 올라갔을 것이다. 산꼭대기는 아늑한 산자락과는 달리 바람이 제법 거셌다. 주위는 고요했고, 문득 가슴 한편에 알 수 없는 경외심이 차오르면서 그대로 땅에 붙박여 선 채 눈앞을 응시했다. 아득히 멀리 높은 산들이 보였고, 그곳은 어떤 세상일지 궁금했다. 그리고 왠지 두려웠다. 그때 어린 소년은 막연히 꿈꾸었을 것이다. 언젠가는 그곳에 도달해 지금의 내가 아닌 다른 삶을 살리라고. 그 삶이 어떤 것으로 채워지든 새로운 세상으로 나아가고 싶었다.

사람은 누구나 꿈을 꾼다. 꿈은 값진 것이다. 그 꿈을 이루기 위해 도전해 나가면서 한 인간으로서 성숙하고, 꿈보다 더 귀한 인생의 배움을 얻게 되므로.

공무원을 다른 말로 '공복(公僕)'이라고 한다. 공공 사회의 심부름꾼이라는 뜻이다. '국가에는 헌신과 충성을, 국민에게는 정직과 봉사를, 직무에는 창의와 책임을, 직장에는 경애와 신의를, 생활에는 청렴과 질서를……' 등 공무원 헌장에서는 국민을 섬기는 공복으로서의 의무를 강조하고 있다. 공무원이 되기를 꿈

꾸며 달려온 시간들 속에서 나 역시 나라를 섬기고 국민을 섬기
려면 자기희생이 따르지 않고는 쉽지 않을 거라는 각오가 어찌
없었겠는가.

대전 엑스포 파견 근무

내 나이 스물일곱이던 1992년, 제36회 행정고시에 합격했다.
대학 3학년 때 본격적으로 고시공부를 시작했으니 4년을 앞만
보고 달려온 것이다. 그제야 나는 어릴 적 내가 꿈꾸던 새로운
세상이 펼쳐졌음을 알았다. 내가 이루고 싶은 꿈을 위해 이제 막

1993년 대전 엑스포 심벌로고와 근무 유공자로서 받은 기념품

출발선 앞에 선 것이다.

1993년 4월 19일을 나는 결코 잊지 못한다. 그날은 바로 '행정사무관 시보'로 첫 공직에 입문한 날이기 때문이다. 1년의 시보 기간 중 공직의 기본 교육을 받았고, 전 교육생이 2개월 동안 1993년 대전 엑스포에 파견 근무를 나갔다. 대전 엑스포는 서울 올림픽이 개최된 지 불과 5년 만에 대한민국에서 개최된 대규모 국제행사였다. '새로운 도약으로의 길'이라는 주제로 전통기술과 현대 과학의 조화, 그리고 자원의 효율적 이용 및 재활용과 관련한 다양한 전시가 이루어졌다. 1893년 시카고 엑스포에 8칸 규모의 기와집으로 참가한 지 100년 만에 자력으로 엑스포 주최국이 된 만큼 국민적 인기와 파급력은 어마어마했다.

당시 대전 엑스포 종합상황실에서 24시간 근무하고 48시간 휴무했는데, 이 또한 만만한 일이 아니었다. 젊은 나이인데도 체력이 달렸다. 그런데 비가 너무 많이 와서 일부 전시관이 물에 잠기는 바람에 휴관하는 사태가 벌어졌다. 재난은 늘 예기치 않게 찾아온다. 비 때문에 일부 전시관이 문을 닫아야 했고, 국제적인 대규모 행사에 오점을 남기게 되어 매우 안타까웠다. 항상 각종 재난에 대응할 준비를 갖춰야 한다는 것을 그때 절실히 깨달았다.

이어 고향인 경상남도 창원시에서 실무 수습을 하는 동안 그

곳에서 근무하는 공무원들의 열정적이고 헌신적인 모습에서 많은 것을 배웠다. 나는 아직 서류에 잉크도 채 마르지 않은 새내기이다 보니 모르는 것투성이였고, 눈에 보이는 하나하나가 다 배워야 할 것들이었다.

1만 시간의 법칙

'1만 시간의 법칙'이라는 말이 있다. 어떤 분야에서든 전문가가 되기 위해서는 최소 1만 시간의 훈련이 필요하다는 이야기다. 1만 시간은 하루에 3시간씩 훈련할 경우 10년, 하루에 10시간씩 훈련할 경우 3년이 걸린다. 이 법칙은 1993년 미국 콜로라도 대학교의 심리학자 앤더스 에릭슨(K. Anders Ericsson)이 처음으로 제시한 것으로 그는 다양한 분야의 전문가들을 연구한 결과 모두 1만 시간 이상의 훈련을 거쳤다는 사실을 발견했다. 1만 시간의 훈련은 전문가가 되기 위한 필수조건이며, 사람은 누구나 노력을 하면 어떤 분야에서든 성공할 수 있다는 희망을 주는 가르침이기도 하다.

이제 막 사회에 나와 꿈을 펼치기 시작하던 터라 하루에 10시간씩 훈련해서 3년이 걸린다면 나는 그 3년의 10배를 하리라 마음먹었다. 처음부터 하나하나 차근차근 배우고 익혀 나가며 내가 마음에 품은 공직자로서의 사명과 소임을 다할 수 있다면, 비록 힘들고 오랜 세월이 걸릴지라도 그 시간의 경험들은 내게 값진 자산으로 쌓일 것이었다. 부단한 노력과 진심을 다하지 않고서 어찌 공직자가 국민을 제대로 섬길 수 있겠는가. 지금 생각해 보니 어쩌면 그 말이 씨앗이 되어 이후 30년 이상을 공직자로 살아가고 있는지도 모르겠다.

수습기간 동안, 내가 나고 자란 고향에서 공직 생활을 하는 것이 당연하다고 여겼다. 가장 익숙하고 잘 알며 누구보다 애정이 많은 곳이니까. 또한 고향은 지금의 나를 있게 한 터전이자 뿌리였다. 고향과 고향 주민들을 위해 부족하지만 힘을 보태고 발전할 수 있도록 도울 수 있다면 내게는 더할 나위 없이 중요한 의미를 지니는 일이었다.

도의 경제 기획을 맡다

1997년 내무부에 행정사무관으로 임용되어 경상남도 기획관리실 기획관실 사무관으로 업무를 시작했다. 곧바로 21세기기획단에 발령받아 21세기 경남도 발전 방안을 수립하는 일을 맡앗다. 처음으로 맡은 업무여서 그야말로 혼신의 힘을 다했다. 경남의 미래상을 제시하는 중요한 일이었는데, 기획 잘한다는 칭찬을 받아 보람있고 기뻤다. 그 다음 보직인 경제기획계장, 도정기획계장으로 발탁되는 계기가 되기도 했다.

1998~2001년 법무담당관실 행정심판계장으로 근무했으며, 2002년 경제통상국 경제기획계장 때에는 IMF 구제 금융으로 인해 지역 은행인 경남은행이 부도가 났다. 당시 김혁규 도지사는 미국 이민 시절에 지역 은행의 소중함을 체험한 분이었다. 즉시 지역 은행 살리기 관제 시위 계획 수립을 지시해 도내 경제인과 시군의 공무원과 경제인들을 총 동원, 지역 은행 살리기 궐기 대회를 추진했다. 그때 기사회생한 경남은행 직원들이 지금도 가끔 고마움을 표현하고 있다.

2003년 9월 태풍 매미가 마산만으로 상륙하면서 마산어시장 일대가 정전 피해를 입었다. 도정기획계장으로 일할 때였는데, 재난 부서에서 마땅히 대책을 마련해 해결에 나서야 했다. 당시 장인태 행정부지사가 기획계장이 총괄 보고하도록 지시를 하는 바람에 주말도 쉬지 못하고 한 달 넘게 매일 밤 12시까지 근무했던 기억이 난다.

그때 재난은 미리 대처해야 한다는 것을 몸으로 체감했다. 시민들의 생명과 재산을 보호해 단 한 명의 인명 피해가 없도록 만전을 기하는 것이 국가의 존재 이유이자 공무원의 책무이다.

2만 불 시대를 여는 경남의 비전과 발전 전략

    2003년에는 기획계장의 업무를 수행하면서 그해 6월 30일에 열린 지역발전 정책토론회를 위해 '2만 불 시대! 도민과 함께 열겠습니다. 경남의 비전과 발전 전략'을 작성했다. 지방이 경쟁의 중심이 되는 틀을 구축해 글로벌 경쟁에서 이기기 위해서는 무엇보다 지방자치단체의 독자적인 발전 비전과 전략이 중요했다. 나는 2010년 도민 소득 2만 불 시대를 열어 선진 자치 경남

경상남도 경제통상국 지역경제과 경제기획계장 시절 사무실에서

을 실현하기 위한 구체적인 방안들을 제시했다. 무엇보다 지역의 경제성과 잠재력에 바탕을 두고, 상향식 발전 전략을 구축하는 게 가장 바람직하다고 보았다.

경상남도는 지리적으로 일본, 중국 등을 아우르는 세계 3대 경제권인 동아시아 지역에서 유라시아 대륙과 태평양이 교차하는 지역에 자리한다. 부산, 진해 신항만이 새로 개발되고 광양항까지 연결하는 남해안 항만 벨트가 형성되면 교통 및 물류 요충지로서 비교 우위를 점하게 될 것이다. 또한 경남은 부산·울산권과 광양·진주권, 그리고 대구·포항권으로 둘러싸여 있어 1,500만 인구의 거대 배후 시장을 가지고 있으며, 동북아 첨단 미래형 산업의 메카라고 할 수 있다.

경남의 발전 전략은 크게 지역 산업 고도화를 위한 3대 전략 산업 육성, 남해안 관광 시대를 여는 관광 인프라 구축, 동북아 중심지 실현을 위한 물류·교통망 확충 등으로 요약할 수 있다. 지역 산업의 고도화를 위해서는 지식집약형 기계산업과 차별화된 생물산업, 차세대 성장 동력인 디지털 전자·로봇 산업이 육성되어야 하며, 이 3대 전략 산업 육성을 위한 추진 체계를 구축하는 것이 급선무였다.

이 밖에도 여러 제도 개선 및 정책 등의 건의와 더불어 주요 사업 투자 계획에 대한 구체적인 수치까지 제시해 충분한 정책

토론이 펼쳐졌다.

2004년에는 4급 서기관으로 승진해 마산시 기획경제국장으로 보임을 받아 2006년 2월까지 일했다. IT산업 중심인 마산밸리(현재 경남로봇산업재단) 조성과 (주)덴소풍성이 입주한 도시첨단산업단지를 만드는 데 일조했다. 당시 마산밸리 대표의 공백으로 두 차례 대표이사를 겸직하기도 했는데, 생각지도 않게 공기업 경영을 경험하게 된 것은 이후 공직 생활에도 큰 도움이 되었다.

마산시 기획경제국장으로 일할 때였다. 당시 마창대교에서 투신자살 사건이 많이 발생해 사회적으로 큰 문제가 되어 담당 부서에서는 예방 대책을 모색하느라 골머리를 앓았다. 내 소관 업무는 아니지만 건설교통국장에게 CCTV 설치를 제안했다. 그

마산시 기획경제국장 때 집무실에서 업무 협의 모습

마산밸리 대표이사 겸직 시절

리고 교량 위에서 차량이 멈출 경우, 자동 경보장치가 발동하게 해 자살 예방 방송을 하도록 조처했다. 그러자 다행히 투신자살 사건이 급감했고, 이후 자살 사고는 일어나지 않고 있다. 이와 같이 공직자는 소관 업무와 상관없이 지역 주민들의 안녕과 복지를 살펴야 한다고 생각한다.

경남 아트페어 개최

2008년에는 경상남도 문화관광체육국 문화예술과장으로 일하면서 '월드라이어 챔피언십 대회'를 준비했지만, 신종플루의

유행으로 2009년 대회가 취소되는 바람에 오랫동안 아쉬움이
남기도 했다.

또한 창원 성산아트홀에서 '경남 아트페어'를 개최했다. 한국
전업미술가협회 경남도지회에서 주최하고 경상남도에서 후원
하는 행사였다. 행사에는 도내 40명의 전업 작가가 한국화, 서
양화, 판화, 순수 미술 등 450여 점의 수준 높은 작품을 출품했
다. 이 행사 개최로 미술품에 관심이 많은 일반인들이 작품 감상
과 함께 저렴한 가격에 소장할 수 있는 기회도 제공했다.

지역의 예술인들은 창작 의욕은 강하지만 경제적 궁핍으로
예술 활동에 전념하기가 매우 어렵다. 특히 미술가들은 지역의
좁은 미술시장으로 인해 더욱 어려운 상황이었다. 서울 등 대도
시에서는 활발히 진행되고 있는 아트페어 전시회를 처음으로
경상남도에서 개최해 많은 작가들이 참여했고 다수의 작품을
판매하는 등 성과를 거두었다.

남해안 프로젝트 수립

2009년 부이사관으로 승진해 경남 남해안경제실 남해안기획
관으로 근무했다. 당시 김태호 경남 도지사는 40대의 젊은 나이

에 도지사에 당선된 분이다. 해외 순방 중에 지중해 국가와 싱가포르의 발전상을 보고 경남 남해안을 세계적인 관광지로 개발, 지역 발전을 이룩하기 위해 '남해안 프로젝트'를 수립했다. 김 지사는 프로젝트의 일환으로 경남 도청에 남해안기획관이라는 조직을 신설하고, 남해안권 발전 특별법을 만들기 위해 국회 등을 자주 방문하기도 했다.

나는 김태호 도정의 핵심 보직인 남해안기획관에 발탁된 후 남해안 프로젝트 추진을 위해 '남해안권 발전 종합계획안'을 수립하는 데 온 힘을 기울였다. 남해안권 발전 종합계획은 다음의 세 가지 배경에서 출발했다.

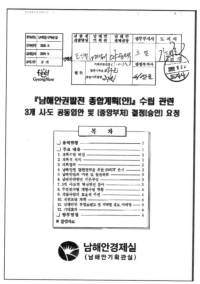

남해안권발전 종합계획(안)

첫째, 동북아 관문 및 글로벌 경쟁력을 갖춘 대외 개방 거점 지대 육성 필요. 둘째, 수도권에 편중된 국토 구조를 극복하기 위한 새로운 성장축 구축 필요. 셋째, 동서 간의 지역 갈등을 극복하기 위한 화합과 상생 발전의 기틀을 마련하는 것이다.

남해안권 발전 종합계획을 수립함으로써 초광역개발권과 광역경제권을 연계해 남해안권의 잠재력 극대화를 꾀하고, 국토종합계획을 구체화하기 위한 실천적 과제를 제시할 수 있었다. 또한 수도권 중심에서 다핵·국토 공간 구조로 전환하는 시발점이기도 했으며, 동·서해안권 발전 종합계획과 연계하는 중심 역할도 가능했다.

남해안선에 연접한 부산·전남·경남의 35개 시군구를 대상으로 2020년까지 자연환경 보전, 관광 휴양 거점 구축, 항만 물류 산업 육성, 제조업 혁신, 농수산업 구조 고도화, 도로 등 사회 간접자본 확충 등이 계획의 주요 내용이다. 남해안권 종합계획의 발전 목표는 남해안권을 동북아 해양 관광, 물류 경제의 거점으로 개발하여 '동북아 글로벌 복합 경제 중심지'로 육성하는 것, 그리고 동북아 5위 경제권 진입, 제2의 수도권 형성, 2시간대 통합 생활권 달성이었다.

개발 사업을 효율적으로 추진해 나가려면 일단 재원 조달과 투자 유치를 촉진해야 하며, 거버넌스 구축, 지가 안정 등 부동산 대책과 더불어 규제 합리화 등 제도 개선이 뒷받침되어야 했다. 재원 조달 부분은 각 추진 전략에 따라 단기, 중기, 장기적으로 구분하여 구체적인 계획을 수립하는 한편 남해안권 통합 브랜드 및 지역별 홍보 마케팅 방안도 구상했다.

이 계획이 수립되어 추진된다면 그 기대 효과는 엄청난 것이었다. 첫째, 해양지향적 개방형 국토 구조로 전환되어 남해안권은 중첩된 트라이앵글 이코노믹 존의 중심이 될 것이다. 둘째, 산업 간 융복화를 위한 신성장 지대가 조성되고, 셋째, 남해안권 중심의 동북아 경제권이 형성됨으로써 사람과 자본을 흡인하는 스폰지 지대화를 꾀할 수 있다. 넷째, 남해안권 메갈로폴리스 경제권 형성을 통해 개방적이고 단일 경제적으로 도약함은 물론 주변 경쟁 경제권과 협력 발전의 기틀이 마련될 것이었다.

남해안권 발전 종합계획은 남해안 지역을 동북아의 새로운 경제권으로 발전시키기 위해 2007년 말에 제정된 '동·서·남해안 발전특별법'에 의해 수립하는 법정 계획으로 2008년 8월에 시작되어 2009년 5월에 수립되었다.

요트산업 활성화를 위한 해외 방문

2009년 12월에는 요트산업 기술력 제고를 위해 12월 7일부터 12일까지 5박 6일 일정으로 프랑스와 폴란드 2개국을 방문했다.

방문단은 나를 포함해 도에서 2명, 거제대학 2명, 요트 업체

관계자 2명으로 구성되었다. 12월 5일부터 13일까지 파리에서 개최되는 파리 국제 보트쇼 일정에 맞춘 방문이었다.

파리 국제 보트쇼는 1960년에 시작돼 매년 개최하고 있는데, 1,200개 업체가 참가하고 1,400개 부스에 평균 30만 명이 방문하는 대규모 행사였다. 보트, 범선, 요트, 구명 장비, 카누, 카약, 다이빙 장비, 모터보트, 수륙양용 크래프트, 각종 엔진류 및 항해 장비 등이 전시되었다.

그해에는 전년도에 비해 규모가 5분의 1로 축소되었다고 하는데, 아무래도 세계적인 경제 위기가 반영된 듯했다. 50년 전 한 입지자의 모험심에서 시작된 프랑스의 요트산업이 고도의 성장을 이룬 것에 비추어 볼 때 우수한 자연환경과 입지적·경제적 해양 여건을 갖춘 우리나라도 충분히 발전 가능성이 있다는 것을 느꼈다.

우리 방문단은 카타마란(쌍동선)으로 유명한 프랑스의 노티텍 카타마란(Nautitech Catamarans)사와 접촉했다. 요트 제작기술 인수 방안을 협의하기 위해서였다. 먼저 요트 주요 부분(선체, 갑판, 지붕)의 제작 핵심 기술을 매수하는 방안은 카타마란 제작을 위한 몰드 개발과 복제가 가능하므로 적극 추진하기로 하고, 도내 제작업체와 경제성 및 신빙성을 검토한 후 실행 여부를 확정하기로 했다. 또 경남도에 본사의 브렌치(지사)를 설립하는 문제는

요트 설계자 올리비에르 프티(왼쪽), 선리프사와 요트 제작 업무협의 MOU체결 및 견학

시작 단계에 최소한 5척 이상의 수요가 있어야 하고, 세밀한 사전 조사를 위한 현지 방문이 필요했다.

한편, 프랑스 내 최고의 요트 설계자인 올리비에르 프티(Olivier Petit)를 국내에 초청, 경남의 요트산업 현장을 직접 방문하고 가능성을 진단하여 구체적인 기술 협력 방안을 도출하기로 협의함으로써 요트산업 전문가와의 인적 네트워크를 구축하기도 했다.

이어서 폴란드의 그단스크시를 방문하여 선리프(Sunreef)사의 요트 제작 생산 라인을 시찰하고, 상호 기술 협력 MOU를 체결했다. 선리프사는 2000년에 설립된 회사로 세일링요트와 파워요트를 주로 생산하며 세계 시장에 40척 이상 생산 보급하는 등 눈부신 성장을 이루고 있었다. 기술 협력을 위한 세부 방안은 협의 후 상호 방문을 추진하기로 결정했다.

이 밖에도 남해안 프로젝트를 위해 외국의 우수 사례 벤치마

킹과 특별법 제정에 많은 노력을 기울였는데, 그 공로를 인정받아 미국 듀크대학으로 해외 직무 연수를 가게 되었다.

함께 어울려 사는 행복한 세상

2009년, 잠시 실무에서 벗어나 미국 듀크대학으로 해외 직무 연수를 떠났다.

듀크대는 노스캐롤라이나주 더럼(Durham)이라는 도시에 위치해 있었는데, 나는 가족과 함께 거기서 조금 떨어진 채플힐에 머물렀다. 채플힐은 인구 5만 명이 사는 유명한 교육 도시였다. 그

애틀랜타 CNN 본사 스튜디오에서 딸과 함께

채플힐 근처 군립공원에서 가족과 함께

곳에서 시내버스가 무료로 운행되고 있는 것을 보고 놀랐다. 알고 보니 사회적으로 성공한 독지가가 자선 재단법인을 만들어 모든 사람들이 무료로 시내버스를 이용할 수 있게 한 것이었다.

이처럼 미국 사회에서는 수많은 기부 활동이 이루어지고 있었다. 진정한 노블리스 오블리제(noblesse oblige)의 의미를 실천하고 있는 것이다. 원래 노블리스는 '명예'를 의미하고, 오블리제는 '의무'라는 뜻으로, 이 두 단어가 합쳐져서 노블리스 오블리제라는 말이 만들어졌다. 달리 말하면, 사회 지도층의 도덕적 의무를 뜻하는 말로, 사회로부터 정당한 대우를 받기 위해서는 자신이 누리는 명예(노블리스)만큼 의무(오블리제)를 다해야 한다는 의미다. 경제적 부와 사회적 지위를 가진 사람들 가운데 노블리스 오블리제를 실천하는 사람들이 많다.

아주 오래전으로 거슬러 올라가면, 문예를 보호·장려해 르네

상스에 크게 공헌한 이탈리아의 메디치(Medici) 가문을 비롯해 영국의 앤드류 왕자, 여러 유명 기업 등이 있다. 특히 우리나라 조선 시대의 거상 김만덕은 노블리스 오블리제의 대명사로 알려져 있다. 정조 때 흉년으로 기근이 들어 식량난에 허덕이던 제주도 사람들을 위해 전 재산으로 쌀을 사서 나누어 준 선행은 교과서에까지 수록되어 본받고 싶은 인물로 기억되고 있다.

기부는 아름다운 것이며 동행하는 삶의 실천이다. 듀크대 직무 연수 중 미국 사람들의 사는 모습에서 많은 것을 배웠다. 대표적인 자본주의 사회에서 사회적 약자에 속하는 가난한 사람, 소외 계층에 대한 배려와 사랑이 있는 한 세상은 따뜻해질 것이다. 공직자로서 내 기본 신념도 거기서 출발한다. 사회의 그늘진 곳까지 세심하게 살펴 보다 균등한 분배를 위한 정책 실현에 적극 앞장서야 한다는 것, 그래야 함께 어울려 사는 행복한 세상이 이루어진다는 믿음이 있다.

듀크대학 연수 시절, 여름방학 기간 동안 딸과 함께 미국 동부 지역을 여행한 일이 기억에 남는다. 도청의 계장으로 일할 때 업무가 많아 매일 밤늦게 귀가하는 바람에 딸과 대화는 물론 얼굴을 마주할 시간조차 없어 못내 안타까웠다. 여행 중에 많은 시간을 함께하며 서로 속마음을 털어놓자 그동안의 서먹함이 눈 녹듯이 사라졌다. 그때 이후로 우리는 부쩍 친해져서 얼마나 다행인지 모른다. 주위에서 '딸바보 아빠'로 놀림을 받는데, 부러워서 그리리라 기분좋게 생각한다.

제3장

섬김의 행정을 시작하다(거제 부시장 시절)

또 다른 부름

공직뿐만 아니라 사회생활을 하다 보면 "자리가 사람을 만든다."는 말을 자주 듣게 된다. 오래전부터 널리 사용하는 이 격언에는 동전의 양면처럼 '똑같은 가치라도 표현하는 방법'이 다를 수 있고, 때로는 양날의 검처럼 '책임과 의무의 중요성'을 깊이 생각하고 신중하게 행동해야 한다는 뜻도 담겨 있다.

스페인에도 비슷한 뉘앙스의 "Office changes manners."라는 격언이 있다. "지위가 매너를 바꾼다."라고 풀이할 수 있는데, 동서양을 막론하고 어떤 위치에 오른 사람의 생각과 행동이 타인에게 어떤 영향을 미치는가는 실로 중요한 문제라고 여기는 모양이다. 그래서 기업을 경영하는 자리에 있는 사람은 물론이고, 공직자라면 누구나 '자신이 서 있는 자리의 무게감'을 항상 염두에 두고 행동해야 하는 것이다.

내가 권민호 시장님의 부름을 받아 거제시 부시장으로 첫걸음을 내디딘 것은 2011년 7월 7일이다. 시장님으로부터 처음 제안을 받고는 '내가 그럴 만한 능력이 있는가?'에 관해 오래 생각했다. 걱정이나 고민과는 결이 다른 상념이었다. 그때 건넨 "저와 함께 올바른 시정을 펼쳐봅시다."라는 권민호 시장님의 말씀은 오랜 생각에 마침표를 찍을 수 있는 결정적 한 마디로 기억한다. '함께'라는 단어가 지닌 힘을 잘 알기 때문이다.

7월 7일 오후, 거제 시청 대회의실에서 제16대 부시장 취임식이 있었는데, 많은 동료 공직자 앞에 서자 오히려 마음이 평온해졌던 기억이 난다. '함께하는 동료들'이 있다는 건 큰 행운이다. 나는 취임사에서 그 행운을 어떤 방식으로 사용할 것인가에 관해 이야기했다. 거제시는 세계 최고의 조선산업을 이끄는 핵심 축이면서 자연 경관이 아름답고, 예술가가 많이 탄생한 예향이다. 산업과 문화, 자연환경은 거제시의 성장축으로서 부족함이 없다. 민선 5기 출범 이후 만들어진 '블루 시티 거제시 프로젝트'의 주춧돌을 놓는 데 내가 해야 할 몫을 다하겠다고 말했다.

무엇보다 "섬김의 행정으로 시민과 함께한다."는 시장님의 생

제16대 김석기 거제시 부시장 취임 (2011년 7월 7일)

거제시 부시장 취임 (2011년 7월 7일)

각에 맞추어 내가 무엇을 할 것인지를 이야기했다. 그러면서 취임식장까지 가는 동안 마음에 담아 온 한 마디 "거제를 고향으로 생각하고, 저의 경험과 모든 열정을 바치겠습니다."라는 다짐을 전했다.

나는 지금도 "자리가 사람을 만든다."라는 말의 무게감을 잊지 않으려고 노력한다. 그러면서 우리가 생각하고 행동하는 모든 일의 시작점은 '능력'이나 '지식'보다 '의식'에 있다고 믿는다. 세계 최고의 조선산업 도시인 거제시에 취임하던 그날의 기억이 여전히 생생하다.

거제는 부시장으로서 첫걸음을 내디디며 더욱 뜻깊은 도시이기도 하지만, 드넓은 자연이 부족한 나의 삶에 큰 영향력을 미친

곳이기도 하다. 나는 가끔 하늘과 바다가 맞닿은 수평선을 물끄러미 바라보기도 했다. "서 있는 곳이 달라지면 바라보는 풍경도 달라진다."라는 말처럼 무엇을 하든 관점이 중요하다. 관점은 생각의 지도이면서 동시에 행동의 목표점으로 작동하기 때문이다. 우리가 무엇을 하든, 어디에 있든 관점의 변화는 삶의 가치를 바꾸기도 한다.

늦은 밤, 책상 위에 종이 한 장을 꺼내 놓고 나의 생각을 또박또박 옮겨 적었다.

"망치를 든 자에게는 모든 게 못으로 보인다. 하지만 망치의 쓰임은 파괴가 아닌 무언가를 세우고 짓는 도구이다. 때로는 법안을 결정하는 의회 정치의 상징이기도 하다. 정치의 본질도 크게 다르지 않다. 망치를 손에 든다면 나는 무엇을 할 것인가?"

이 또한 지나가리라

우리나라 헌법 제10조에는 "모든 국민은 인간으로서의 존엄과 가치를 가지며, 행복을 추구할 권리를 가진다. 국가는 개인이 가지는 불가침의 기본적 인권을 확인하고 이를 보장할 의무를 진다."라고 밝히고 있다.

공직자의 임무는 헌법이 보장하고 있는 '국민의 행복 추구권'을 부족하거나 소원하지 않게 지원하는 일이다. 쉽지 않은 일임을 잘 알고 있기에 '국민의 행복'을 위해 일한다는, 그 막중한 책임과 무게감을 온몸으로 느끼면서 살아왔다.

위와 같이 모든 인간은 행복을 추구한다. 인생이란 길 위에서 단 하나의 단어를 가지고 걸어가야 한다면, 대부분 '행복'을 선택할 것이다. 어릴 때 수업 시간에 '반대말 공부'를 했던 기억이 난다. 반대말의 사전적 풀이는 '그 뜻이 서로 정반대되는 관계에 있는 말'인데 동시에 '한 쌍의 말 사이에 서로 공통되는 의미 요소가 있으면서 서로 다른 한 개의 의미 요소가 있어야 한다.'라고 쓰여 있다.

나는 전자보다 후자의 풀이에 조금 더 집중하는 편이다. 한 쌍이면서 공통점과 차이점을 지녔다는 것은 관점을 달리하면 그 안에 해결책도 있다는 말과 크게 다르지 않기 때문이다. 위기 속에서 기회를 찾는 것처럼 행복도 그렇다고 여긴다.

공직자들에게도 직업병처럼 일과 관련한 습관이 있다. 숫자에 집중한다거나, 어떤 문제가 생기면 해결 방안부터 고민한다거나 하는 식이다. 재난 상황 대비 문자를 받으면 온 신경이 곤두서는 것도 그렇다. 내게도 비슷한 직업병이 있는데, 바로 여름 장마철이나 겨울 혹한기에는 유독 일기예보를 자주 살피는 것이다. 짧게는 한 주, 길게는 한 달가량 날씨와 기온 등 자연의 변화를 살피게 된다. 특히 장마철이 되면 살피고 챙겨야 할 부분이 적지 않다. 시민들이 생활하는 공간은 물론이고, 토목이나 건축 공사장은 사전에 꼭 점검하고 살펴봐야 한다.

거제시는 해마다 '특별 안전 점검반'을 조직해 운영하고 있는데, 도시건설국장이나 사업장별 담당 과장 등이 참여한다. 나는 부시장으로서 점검반 단장을 맡아 장마철에 대비해 대형 공사장의 안전 점검을 실시했다. 재해는 안전을 살피지 않는 곳에 반드시 찾아온다고 생각하며, 점검반 스태프들과 매해 20여 곳 이상 현장을 직접 누비며 살핀다. 아무리 열과 성을 다해 발로 뛰고 눈으로 확인해도 예기치 않은 재해가 발생하기 때문에 늘 신

장마철 대비 대형 공사장 현장 방문 (2012년 6월)

장마철 대비 대형 공사장 현장 방문 (2012년 6월)

중에 신중을 기하고 있다.

보통 점검반 활동은 재정 조기 집행과 장마 전 공사를 마무리 짓기 위해 공사 기간을 단축하는 곳에서 발생할 수 있는 피해 예방을 중심으로 살펴본다. 장마철이 시작되면 특히 지하 굴착장은 집중 호우에 취약하다. 그 밖에도 대규모 공사장의 안전 관리를 살핀다. 축대와 옹벽, 석축의 안정성을 살피는 것도 빼놓을 수 없는 필수 활동이다.

특별 안전 점검반을 운영할 때 몇 가지 원칙을 세웠다. 그 가운데 가장 중시하는 것은 전문가라고 할 수 있는 도시건설국장이나 각 사업장별 담당 과장들에게 권한과 책임을 부여하는 일이다. 세상 모든 일은 각자 지닌 관심과 열정의 척도에 따라 그 결과를 생산하기 때문이다. 나는 현장 및 관련 업무 전문가들이 안전과 관련한 일을 기탄없이 보고할 수 있도록 문턱을 낮추었다. 소임과 소명 의식을 지닌 동료 공직자들 역시 그런 나의 생각을 믿고 잘 동행해 주었으니, 그저 고마울 따름이다. 여름이나 겨울철 안전 관리는 관련 공무원들이 얼마만큼 발로 뛰어다니느냐에 따라 피해율을 줄일 수 있기 때문이다. 이것은 불변의 원칙이다.

문득 전 세계가 코로나19로 인해 팬데믹 상태에 빠졌던 시절이 기억난다. 생각보다 긴 시간 동안 지속되었지만 인류는 결국 질병을 극복했다. 언젠가 팬데믹 관련 빅 데이터를 살펴보니 "이 또한 지나가리라."라는 말이 SNS에서 가장 많이 사용되었다고 한다.

인간은 극단의 상태에서도 희망의 끈을 놓지 않는다. 아마도 모든 인간의 DNA 속에 꿈과 희망, 사랑과 나눔의 유전자가 들어 있는지도 모르겠다. 한때 전 세계를 호령했던 칭기즈칸은 "역경아! 어디 한번 와봐라. 이번에는 내게 어떤 선물을 주려고 하느냐?"라고 말했다고 한다. 그의 말을 떠올리면서 행복한 삶이란 폭우를 피해 살아가는 것이 아니라 그 속에서 춤출 수 있는 방법을 알고 실행하는 것이라고 생각했다.

살기 좋은 마을이란 어떤 곳인가?

　시대가 바뀌면 공간도 변한다. 그렇게 바뀐 곳에서 인간은 삶을 영위하면서 각자의 꿈을 키워 나간다. 그런 의미에서 볼 때 인간의 주거지는 단순히 '산다'라는 의미에 머물지 않고, 꿈을 '꾼다'라는 목적성에 '성장'이라는 키워드를 더하면서 확장성을 추구하는 것이라 여긴다. 간단하게 말하자면, 도시 행정학의 목적은 공간의 세계화·도시화·지방화 시대를 맞아 발생하는 복잡한 문제를 해결하는 것에 있다. 물론 그 지향점은 '인간의 삶을 좀 더 가치있게 만들 수 있도록 다양한 방법으로 실행'하는 것이다.

　인문 건축가로 활동하는 유현준 작가는 『어디서 살 것인가』라는 책에서 거주지로서의 공간을 '어느 동네, 어느 아파트, 어떤 평수 등'을 생각하면 답답할 수밖에 없는 상황이 발생한다고 말한다. 그러면서 그는 "어떤 공간이 우리를 행복하게 만드는가?"라는 질문을 던져야 한다고 강조한다. 그러니까 인간은 모두 각자 추구하는 삶의 목적에 따라 공간을 선택하고 구성한다. 행복도 마찬가지다. 내가 원하는 것을 이루기 위해서는 기준과 방법을 바꿔서 실행에 옮겨야 한다. 관점의 변화란 생각과 행동을 동시에 바꾸는 일이다.

　거제시는 지난 2007년부터 〈살기 좋은 마을 만들기 사업〉을 진행하고 있다. 이 프로젝트의 목적은 지역 공동체를 활성화하면서 동시에 지역 사회 발전에 시와 시민이 함께하는 것이다. 관련 사업을 진행하기 위해 거제시는 〈살기 좋은 마을 만들기 심의위원회〉를 구성해서 사업의 목적에 부합하는 마을을 선정하고 지원해 왔다.

나는 거제시 부시장으로 재임하는 동안 해당 사업의 위원장을 맡아 '살기 좋은 마을'을 심사하고 선정해 시민들의 삶에 작은 보탬이 되도록 노력했다. 그 가운데 기억에 남는 곳은 2011년 12월 말에 선정한 양화마을 등 7개 지역과 2012년 9월에 선정한 연초면 다공마을이다.

겨울과 여름에 각각 선정된 지역을 답사하면서 지역민의 삶에 좀 더 가까이 다가설 수 있다는 건, 거제시 행정을 맡은 공직자로서 놓칠 수 없는 부분이기도 했다. 〈살기 좋은 마을〉로 선정되면 시로부터 3,000만 원의 예산을 지원받고, 6개월간 마을별로 특색 사업을 추진하게 된다. 이렇게 선정된 마을은 단순하게 예산을 지원하는 데서 그치지 않고, 반드시 일정 기간이 지난 후 사업 추진 성과를 확인한다. 선정 이후 사업 추진 완료까지 좋은 결실을 맺은 곳은 추가 지원을 하는 방식으로 진행해서 지역민 스스로 '살기 좋은 마을'을 가꾸고 성장시킬 수 있도록 지속적인 관심을 갖는 것이다.

특히 연초면 다공마을은 아름다운 연꽃 단지로 널리 알려진 곳이다. 국도 5호선을 따라가다 보면 만날 수 있는 다공마을은 여름이면 아름다운 연꽃으로 관광객들의 발길이 끊이지 않는 명소로 자리잡았다. 연꽃은 아시아 남부와 오스트레일리아 북부가 원산지인 여러해살이 수초다. 진흙 속에서 자라지만 청결하고 고귀한 식물이면서, 특히 부처님의 탄생을 알리기 위해 꽃을 피웠다고 전해져 신비로운 상징성을 간직하고 있기도 하다.

2012년 〈살기 좋은 마을 사업〉을 진행하면서 현장을 서너 차례 방문했다. 아름다운 연꽃 공원을 중심으로 사계절 그늘을 제공하는 원두막이 설치되어 있어 지역 주민은 물론이고 관광객

거제시 살기 좋은 마을로 선정된 연초면 다공마을

들에게 좋은 쉼터로 활용되었다. 현장 방문에서 인상 깊던 것은 원두막을 사랑방처럼 활용하는 지역 주민의 모습이었다. 그곳에서 마을의 크고 작은 일들에 대해 이야기꽃을 피우고, 그렇게 담론화된 일은 공동체 구성원 모두가 화합하여 실행한다는 이야기를 들었다.

멀리서 한 주민이 다가와 나의 두 손을 꼭 잡으며 "고맙습니다. 정말 고맙습니다."라는 말을 계속 건네기도 했다. 우리가 행복하기 위해서는 '생각의 가치, 행동의 기준'을 바꾸어야 할 때가 있다. 그런 의미에서 볼 때 작은 일에도 감사하며 따뜻한 마음을 보여준 연꽃 마을 '다공리 주민들'은 분명 행복의 참 의미

관광 명소로 자리잡은 다공마을 연꽃 단지

일운면 양화마을

를 알고 실천하는 분들이다. 다공마을을 방문하고 돌아오면서 '고마워할 줄 아는 마음은 행복으로 가는 가장 빠르고 확실한 지름길'이라고 생각했다.

목표보다 방향이 중요하다

2023년 여름 94세로 세상을 떠난 『참을 수 없는 존재의 가벼움』의 작가 밀란 쿤데라는 "가슴이 말하는 것을 머리가 따르지 않는다면 옳은 일이 아니다."라고 말했다. 그는 1929년 체코슬로바키아에서 태어났지만, 체코가 소련에 점령당한 후 시민권을 박탈당하면서 조국을 떠나 프랑스로 망명할 수밖에 없었다. 간혹 우리는 위대한 인물이라고 평가하는 사람들의 삶을 들여다볼 때가 있다. 현재의 삶이 팍팍하다고 여길 때, 꿈꾸고 실행하려는 일이 잘 풀리지 않을 때, 타인의 삶을 통해 잠시 멈춘 일을 다시 시작할 수도 있기 때문이다.

공직 생활을 하는 동안 '머리와 가슴이 충돌'하는 일이 적지 않았다. 이런 갈등은 다른 동료 공직자들도 종종 경험하는 일임을 잘 알고 있다. 나는 그럴 때마다 밀란 쿤데라의 말을 떠올리면서 좀 더 신중하고 올바른 선택을 하려고 노력한다. 머리가 하는 일은 대부분 논리적인 것이다. 반면 가슴이 하는 일은 현실에서는 바로 적용할 수 없지만, 언젠가는 해야 할 일이라고 할 수 있다. 나는 머리가 하는 일이 목표라면, 가슴이 하는 일은 방향에 가깝다고 생각한다. 물론 '목적과 방향', 이 두 가지를 조화롭게 만들어 가는 것이 이상적인 공직자의 자세라고 여긴다. 하지만 때에 따라서는 그렇지 못할 경우도 있고, 그때마다 지금 이 상황에서 올바른 선택은 무엇인가를 항상 고민하게 된다.

거제시 부시장 재임 기간 동안 여러 가지 일을 경험했지만, 2011년 가을은 조금 더 치열하게 고민하고 생각하고 움직였다. 조선을 중심으로 한 산업 도시에 '관광산업'을 활성화시켜 거제의 미래 산업을 준비하기 위해서는 무엇보다 관련 일을 계획하

거제해양관광개발공사

고 추진하는 해양관광공사 설립이 필요했다. 거제해양관광공사 설립을 위해서는 우선 거제시의회의 승인이 필요했다. 제147회 거제시의회가 다룬 안건 가운데 가장 큰 관심도 〈거제해양관광개발공사 설립 및 운영 조례안〉이었고, 그해 10월은 시의회 조례안이 힘겹게 상임위원회의 문턱을 넘기도 했다. 2011년 10월 14일 본회의에 안건이 상정되기까지 세 번의 정회를 거쳤고, 기나긴 마라톤 회의 끝에 마침내 조례안이 수정 가결되었다.

거제시의회 산업건설위원회는 2차 회의에서 〈거제해양관광개발공사 설립 및 운영 조례안〉 안건을 심사하면서 원안 중 일부 자구(字句)를 바꾸고, 정관(定款) 작성 및 변경에 관한 내용에

'의회 동의' 조항을 더해서 본안을 수정 가결했다. 앞서 거제시가 만들어 의회에 낸 이 조례안 제7조(정관) ③항에는 '공사의 정관을 작성하거나 변경할 때에는 시장의 인가를 받아야 한다.'고만 되어 있어 의회가 끼어들 여지가 전혀 없었다. 때문에 의회가 참여할 수 있는 실질적인 '장치' 마련이 필요하다고 판단해 이 부분을 고친 것이다. 물론 처음 정관을 만들 때는 중요 변경 사항이나 추가적인 사업 부분도 의회의 동의를 받아 처리하는 쪽으로 정리했다. 이런 조치는 큰 틀에서 해양관광개발공사 설립의 타당성은 인정하면서, 거제시의 일방적인 독주를 막겠다는 의도로 풀이할 수 있다.

다만 이 조례를 제정하는 데 바탕이 된 〈지방공기업법〉에는 의회 동의 절차에 대한 규정이 없기 때문에 법률적 판단에 따라서는 논란의 소지가 있었다. 바로 상위법을 어겼다는 지적을 받을 수도 있기 때문이다. 기업도 그렇겠지만 특히 공기업을 설립하고 운영하기 위해서는 설립 목적과 방향이 투명하게 제도화되어야 한다. 그렇기 때문에 사업을 추진하고 실행하는 거제시와 그것을 승인하고 지원 및 감시하는 의회의 역할은 '거제 시민을 위한 활동이라는 점에서는 공통점'을 갖고, '올바른 운영을 위한 기초 수립'이라는 점에서는 차이점을 가질 수 있다고 본다. 문제는 그 차이점을 어떤 방법으로 줄일 수 있는가에 달려 있다.

거제시 부시장실에서 직원들과 대화하는 모습

어떤 사업이든 처음에는 진통이 따르기 마련이다. 〈거제해양 관광개발공사 설립 및 운영 조례안〉 안건 심사 역시 그런 과정 이 반복되었다. 그러던 중 권민호 시장이 직접 의회에 출석해 해 당 상임위 위원 등과 비공개 간담회를 가졌다. 시장이 상임위에 출석한 것은 거제시의회 역사상 처음일 정도로 이례적인 일이 었다. 그만큼 조례안 통과가 중요했다는 방증이기도 하다. 공사 설립 계획은 권 시장님의 선거 공약이기도 했지만, 오랜 세월 동 안 거제시의 미래를 위해 구상했던 것이었다. 산업건설위원회 위원들의 말에 따르면 "권 시장의 그러한 계획이 진정성 있게 다가왔으며, 김석기 부시장과 주무부서 담당관, 용역회사 관계 자 등이 의원들의 날선 질문에도 진심을 다해 답변한 태도 등" 도 안건 심사에 영향을 미쳤다고 한다.

길고 긴 난항을 겪으면서도 '해야만 하는 일'을 '올바르게 만들어 가는 것' 또한 공직자의 일이라 여긴다. 그해 가을, 거제시와 의회는 각자의 시선에서 '올바른 결정을 수립'하기 위해 최선을 다했다고 생각한다. 기업은 물론이고 국가 조직 또한 목표를 정하고 최상의 성과를 이루어내기 위해 최선을 다한다. 이때 우리가 놓치지 말아야 할 것은 "빠르게 목표를 향해 매진하는 것도 필요하지만, 미래를 위해 올바르게 방향을 수립하고 나아가는 것 또한 중요하다."라는 점이다.

어떤 일을 추진하기 위해 우리는 수많은 목표를 세운다. 그러나 나는 그런 목표들이 결실을 맺기 위해서는 올바른 방향이 필요하고, 그것을 잡아주는 생각과 행동이 리더십의 원천이라고 믿는다.

환경문제라면 무조건 선즉제인(先則制人)하라

'보다 나은 미래를 만드는 일은 어떻게 이루어질까?'

짧지 않은 세월 동안 공직에 있으면서 이 질문을 항상 호주머니 안에 넣고 다녔다. 사회생활을 하는 사람들 대부분이 살아가는 동안 풀어야 하는 숙제 하나씩은 품고 살 듯이 말이다. 일반

기업에서 직장 생활을 하는 지인들은 농담 삼아 "가슴에 사표를 품고 출근한다."라고 말하지만, 공직자는 쉽게 포기할 수 없는 문제를 안고 살아간다. 그것이 숙명이라면 받아들여야 하는 것 또한 우리의 운명이 아닐까?

독일 태생의 영성 지도자이자 작가인 에크하르트 톨레는 "보다 나은 미래를 만드는 힘은 현재라는 순간에 있다. 좋은 현재를 만드는 것이 좋은 미래를 만드는 일이다."라고 말했다. 이 말의 무게감은 '무엇을 어떻게 해야 하는가?'라는 생각이 들 때마다 올바른 지향점을 알려주고는 했다.

'좋은 미래를 만든다는 것'에도 여러 방법이 있다. 현재라는 시점에서 부족한 부분을 개선하는 것도 그 가운데 하나다. 특히 환경 관련 문제는 당장 시급해 보이지는 않지만, 어떤 재난과 위기 상황에 처하게 되면 수습이 불가능할 때가 많다. 마치 사람의 몸처럼 평소에 건강을 챙기지 않고 방치했다가는 큰 고충을 겪을 수밖에 없는 것과 마찬가지라고 여긴다. 기후 변화로 인한 환경 문제는 지구촌뿐만 아니라 거제시의 주요 쟁점 사항이라 할 수 있다. 거제시는 낙동강과 인접했고, 바다와 가까운 곳에 위치해 있다. 따라서 여름철 홍수를 겪고 나면 해양 쓰레기 등이 밀물처럼 몰려든다.

거제시는 홍수와 해양 쓰레기 등 해마다 반복되는 문제를 선

낙동강 쓰레기 피해 현장 방문 (2011년 7월)

제적으로 대응하기 위한 방법을 모색했다. 지난 2012년 11월 〈낙동강 해양 쓰레기 유입 경로 실태와 대처 방안〉을 집중 논의한 것이 대표적 사례로 기억된다. 어떤 사항에 관해 올바르게 대처하기 위해서는 '현상에 관한 연구'가 필수적이다. 거제시는 (사)동아시아 바다공동체 오션과 ㈜지오시스템 리서치와 함께 해양 쓰레기 처리 제도 개선을 위한 대응 방안을 마련하기 위해 연구를 시작했다.

연구 용역은 낙동강 쓰레기가 거제 동남부 해안을 덮친 2011년 여름의 상황을 바탕으로 했다. 쓰레기 유입 경로와 피해 유형 등을 살펴서 대응 방안을 마련하자는 취지였다. 부시장인 나와 함께 황정재 해양조선관광국장, 원희 어업진흥과장 등이 참여

여름철 낙동강에서 유입된 쓰레기

했고 수산기술사업소 관계자, 경상남도 해양수산과 담당자, 통영해경 해양오염방제과 담당자, 거제수협 관계자, 전기풍 시의원 등도 참여했다.

용역사와 함께 거버넌스 형태로 구성된 관계자들은 서로의 역할과 활동을 명확하게 알고 있었기 때문에 해양 쓰레기 처리 제도 개선과 관련한 일에 효율적으로 집중할 수 있었다. 용역을 통한 연구 결과는 예상보다 심각했다. (사)동아시아 바다공동체 오션의 보고에 따르면 "환경적 피해는 물론이고 수산업과 관광산업 등에서도 상당한 피해가 있었던 것"으로 추정됐다. 결론부터 말하자면, 작년 여름 낙동강 쓰레기의 35%가 거제 동해안을 덮쳤고, 이는 우리 시민들에게 적지 않은 피해를 입혔다.

해수욕장 방문객 추이와 피해 산정 기법 등을 적용하여 추정한 거제시 관광산업 피해 액수는 대략 206억 원으로 추정됐다. 어선 어업과 양식업 등 수산업 피해 등도 39억 원에 달했다. 오션측은 특히 '낙동강 유역 쓰레기 비용 분담 협약'을 개선 과제로 지적했다. 그 당시 체계는 거제를 포함해 경남 지역은 피해에 대한 구제를 바랄 수 없는 구조라고 강조했다. 이와 함께 〈재해 해양 쓰레기 처리 제도〉 개선에 관해서도 대안을 제시했다. 예를 들면, 쓰레기 발생 시 물리적 유입 방지를 위한 차단막 설치, 적합한 수거 전용선 운용, 퇴비화 등 쓰레기 재활용 방안 등이 제시됐다. 미국의 〈쓰레기 없는 포토맥강 유역 운동〉처럼 〈쓰레기 없는 낙동강 유역 운동〉을 거제시가 중심이 되어 주도적으로 실행해야 한다는 의견이었다.

거제시의회 전기풍 의원은 그와 관련하여 "육상 소각장은 염분 부식 피해가 우려되는 만큼, 소각 방식의 면밀한 검토가 필요하다."라고 전제한 뒤 "쓰레기 수거 선박의 경우 침적 쓰레기 수거 가능 여부와 쓰레기 처리 민간 기업들의 활용 여부도 최종 보고서에 담아달라."고 주문하는 등 거제시에 적극적인 활동을 피력했다. 용역사로 참여한 ㈜지오시스템은 미국 VIMS사가 개발한 EFDC라는 프로그램을 활용하여 지난해 여름 낙동강 쓰레기가 유입되던 시점의 수치 모형을 구축했고, 1만 1,520개의 이

낙동강 쓰레기 피해 현장 방문 (2011년 7월)

동 궤적을 실시간으로 추적하는 실험을 실시했다. 그 결과 부유 쓰레기 입자는 투입 후 12시간 만에 거제 동해안에 도달하기 시작했고, 낙동강 하구둑에서 방출된 입자의 35%가 거제 동해안에 도달한 것으로 나타났다. 이것은 당시 거제 해안에 유입된 실제 쓰레기량에도 상응하는 결과였다.

현재뿐만 아니라 우리의 미래는 환경에 달려 있다. 이것은 비단 거제만의 문제가 아니라 대한민국의 미래, 즉 우리 아이들이 생존해야 할 미래라는 위기의식을 가져야 한다. 나는 항상 '미래를 준비'할 때 "선즉제인(先則制人)하라!"는 태도로 임한다. 선즉제인이란, '남보다 먼저 일을 도모하면 남을 쉽게 누를 수 있다.'는 뜻으로, 중국의 『사기(史記)』에 나오는 말이다. 이 말은 '아무도

하지 않는 일을 앞서서 하면 유리함'을 의미한다.

오늘날 대한민국은 세계 경제대국 10위권에 올랐을 만큼 성장했지만 여전히 풀어야 할 과제들을 안고 있다. 그 가운데 환경문제는 우리 아이들의 생존과 필연적으로 맞닿아 있기 때문에 반드시 선즉제인해야 할 필요가 있다고 본다. 이제 환경문제는 한 지역이나 국가의 문제가 아니라 지구촌 전체가 함께 고민하고 풀어야 할 지상 과제이기 때문이다.

미래는 '바로 지금 준비'하는 것이다

한 사람의 인생이든, 한 도시의 운용이든 실제로 행동하지 않으면 아무것도 얻을 수 없다. 인간은 생각하는 동물이고, 인류사의 모든 발전은 이러한 상상력의 힘에서 발현되었다고 볼 수 있다.

그러나 상상의 힘은 강력하지만 실행이 없다면 공상에 그친다는 한계점도 있음을 분명히 알고 있어야 한다. 그렇기 때문에 무언가를 상상한다는 것은 반드시 실행을 전제로 해야 좋은 결실을 맺을 수 있다고 본다. 크든 작든, 그 무엇이든 실행의 중요성은 누구나 알고 있는 사실이다. 다만 '언제, 어떻게 시작할 것

거제에 건립된 국내 첫 해양플랜트 기자재 시험인증센터

인가?'를 생각하노라면 항상 쉽지 않은 문제다.

　2012년 3월의 봄을 기억하다 보면, 무언가를 향한 희망과 새로운 도전을 떠올리게 된다. 거제시는 드넓은 바다를 도시의 재원으로 삼는 곳이다. 문화관광산업은 물론이고 특히 해양산업은 우리 도시의 핵심축이라고 할 수 있다. 그해 3월 30일, 거제시 연초면 오비 일반산업단지 안에 '국내 최초 해양플랜트 기자재 시험인증센터'가 건립되었다. 그날 센터 개소식에는 윤상직 지식경제부 1차관, 김두관 경남 도지사, 박한일 해양대 총장 등을 비롯하여 실제 건립에 노력을 아끼지 않은 관계자들이 참석했다.

해양플랜트 설비를 구축하려면 상당히 많은 준비가 필요하다. 시험과 평가에 의한 안전성은 기본이고, 플랜트 설비의 신뢰성과 성능까지 검증받아야 하기 때문이다. 그렇기 때문에 국내에서는 해양플랜트 기자재에 대한 시험 평가시설이 제대로 갖추어지지 않아서 관련 업무를 대부분 해외에 의존할 수밖에 없는 상황이었다. 거제시는 물론이고 우리나라는 육지 자원이 부족하기 때문에 '해양산업 육성'에 관심을 가져왔다. 따라서 해양산업의 초석이라 할 수 있는 '해양플랜트 기자재 시험인증센터'의 건립은 시급한 동시에 아주 중요한 사항이었다. 실제 센터가 건립되면 해양플랜트 산업을 추진하는 국내의 많은 기업을 전략적으로 지원할 수 있고, 동남권 글로벌 허브 구축 사업으로도 확산할 수 있다는 평가가 나왔다.

거제시는 63억 원 상당의 토지를 제공했고, 국비와 도비 146억 원이 투입되었다. 2010년 4월, 건립을 위한 첫 삽을 뜬 이후 2012년 3월에 공사가 마무리됐다.

해양플랜트 기자재 시험인증센터는 1만 6,500㎡의 부지에 연면적 3,716㎡의 연구지원동과 시험평가동에 총 18종에 달하는 성능 검증 및 시험 인증 설비를 갖추고 있다. 우리나라 최초로 건립된 이 센터에서는 해양플랜트 산업의 골격을 세우는 수많은 기자재의 안정성과 성능 등을 시험하고 평가하게 된다. 설

거제 해양플랜트 기자재 시험인증센터 건립

비와 인프라가 없어서 해외에 의존했던 일을 우리나라, 특히 거제시라는 공간 안에서 해결한다는 것은 생각만 해도 가슴 벅찬 일이다.

하지만 센터가 향후 미래 산업을 뒷받침하기 위해서는 여전히 많은 노력이 필요하다. 우선 해양플랜트 기자재 시험 인증 기술을 자료화하고, 기자재 업체의 인증 업무를 과학화해야 한다. 그뿐만 아니라 동남권에 집적된 시험 인증 인프라와 연구 개발을 토대로 경쟁력을 갖출 수 있도록 해야 한다. 그렇게 함으로써 거제의 '해양플랜트 기자재 시험인증센터'가 국내뿐만 아니라 해외에서도 중심축으로 성장해야 한다고 본다.

선박해양플랜트연구소 전경

얼마 전 센터 관련 보고를 받으며 건립 당시 걱정했던 많은 고민이 수백 명에 달하는 센터 직원들의 노력에 의해 결실을 맺고 있다는 소식을 들었다. 센터가 건립될 때만 해도 갈 길이 참 멀어 보였지만 시간이 지나면서 해양플랜트 산업 지원의 중심축으로 자리매김한 것에 감사한 마음이다. 새로운 일을 추진한다는 것은 그만큼 복잡한 문제를 해결하면서 동시에 용기가 필요한 일이다.

척박한 환경에 아무것도 도움받을 곳 없는 상황에서 '미래를 위해 무언가를 해야 하는 상황'에 처할 때가 있다. 그럴 때면 '물레 돌리는 간디'의 모습이 담긴 사진 한 장을 떠올린다. 학창 시절 교과서에서 본 간디의 사진은 여전히 내 가슴에 선명하게 남아 있다. 아마도 그가 비폭력 평화주의자의 상징인 동시에 자신의 국가와 인도 국민을 위해 어려움을 무릅쓰고 끊임없이 노력한 인물이기 때문일 것이다.

사진 속 간디는 직접 물레를 돌려서 목화실을 뽑았고, 인도의 전통 직물인 카디(Khadi)를 짰다. 간디가 짠 카디는 아주 큰 상징성을 지닌다. 그것은 카디라는 하나의 인도 전통 직물이 인도 독립의 씨앗이 될 수 있다는 메시지였다. 간디는 "인간의 기쁨이란 투쟁 속에서 태어나고, 노력 속에서 결실을 맺고, 그리고 그 모든 것을 수반하는 고통 속에 있다."라고 말했다. 특히 "미래는 현재 우리가 무엇을 하느냐에 달려 있다."라고 강조한 그의 말은 여전히 내 가슴에 큰 울림으로 남아 있다.

우리의 미래는 내일 준비하는 것이 아니라 바로 지금 실행하는 일이다.

어린이들에게 배운다

간혹 답답한 현실에 놓일 때가 있다. 대부분 옳은 일이지만 생각한 대로, 마음대로 할 수 없을 경우가 그렇다. 비단 그런 감정이 나만 겪는 일은 아닐 것이다. 사실 미래처럼 실체가 불분명한 것이 또 있을까? 과거는 이미 지나간 채로 남아 있고, 현재는 지금 부딪히는 일만으로도 벅차며, 미래는 언제, 어떤 모습으로 나타날지 불안하다고 말하는 사람들도 적지 않다.

법정 스님은 살아생전에 "나는 오늘을 살고 있을 뿐이지, 미래에 대해서는 관심이 없습니다."라고 말씀하셨는데 보통 사람들은 큰스님의 그 마음에 닿지 못하므로 어쩌면 끊임없이 번민하는지도 모른다. 나는 그럴 때마다 아무런 걱정 없이 뛰노는 천진한 아이들의 모습을 바라본다.

출퇴근 길에 조그만 등에 가방을 메고 가는 아이들. 무더운 여름날에도 지칠 줄 모르고 뛰노는 아이들을 물끄러미 바라보고 있으면 '아, 미래는 하나가 아니구나. 저 아이들 모두가 각각의 미래구나.'라는 생각이 든다. 그리고 보니 아이들의 언어 습관을 살펴보면 흥미로운 점 하나를 발견하게 된다. 아이들은 내일보다는 오늘을 더 소중하게 생각하는 DNA를 갖고 있구나 싶을 때가 있다. 아이들은 언제나 "오늘 나랑 놀래?"라고 말한다. 친구에게 내일까지 함께하고 싶은 마음을 기다리지도 않거니와 무엇보다 감추지 않는다. 『부자 아빠 가난한 아빠』라는 베스트셀러로 널리 알려진 작가 로버트 기요사키는 이렇게 말했다. "내일이란 단어를 자주 사용하는 사람은 가난하고, 불행하고, 실패

옥포초등학교 다목적 강당 개관식 (2012년 4월)

한다. 오늘은 승자의 단어이고, 내일은 패자의 단어이다. 당신의 인생을 바꾸는 말은 오늘이다."

로버트 기요사키의 말에 전부 동의하지는 않지만, "당신의 인생을 바꾸는 말은 오늘이다."라는 문장만은 깊이 새겨두어도 좋은 글이라 여긴다. 누군가 "부자와 가난한 아빠, 그리고 그들의 가족과 자녀의 행복은 비례할까?"라고 묻는다면, 나는 언제나 "아니요."라고 대답할 수 있다. 부와 가난이 행복의 기준점은 아니기 때문이다. 단지 생활의 편리성 여부를 결정짓는 것일 뿐이다. 그런 의미를 조금 더 확장하면 시정 활동에서 어린이들을 위해 무엇을 할 것인가에 대한 해답도 보이기 마련이다.

거제시 살림살이를 맡아 하면서 행복한 날도 적지 않았다. 그

증축한 거제 옥포초등학교 다목적 강당

가운데 하나가 2012년 4월, 봄볕이 따뜻하던 날의 일이다. 거제 옥포초등학교에 체육관을 만들어 준 것은 오래도록 기쁨으로 남는다. 그해 4월 26일, 거제 옥포초등학교에 새로 지은 다목적 강당 개관식에 참석했다. 옥포초등학교 문병섭 교장 선생님과 김복근 교육장, 경남도의회 김해연 의원, 거제시 전기풍 시의원 등 많은 내빈이 모인 자리였다. 옥포초등학교에 다목적강당을 세우는 일은 생각보다 쉽지 않았다. 2011년 9월 공사 계약을 하고 유치원 놀이터와 체육시설을 해체하면서 공사는 시작되었고, 7개월가량의 공사 끝에 아이들이 마음껏 꿈꾸며 뛰놀 수 있는 공간이 세워진 것이다.

옥포초등학교 다목적 강당 증축 사업은 도교육청 교부금과 시의 교육경비 보조금 등 총 15억 7,400만 원을 들여 지상 2층 건물에 750.06㎡ 규모로 증축했다. 개관식 행사장 문을 들어서니 활짝 웃는 얼굴로 어른들을 반기던 아이들의 모습이 지금도 생생하다. 꾀꼬리 같은 목소리로 자신들의 위해 만들어진 공간에서 어른들을 위해 축하 공연을 하던 모습은 '어른들이 오히려 더 고마운 마음'이 들 정도였다. 그날 행사장에서 만난 학부모님은 "아이들이 비가 오거나 추울 때는 마음껏 뛰놀 공간이 없었는데, 이젠 날씨에 상관없이 친구들과 놀이를 통해 성장할 수 있게 되어 정말 기쁘다."라는 말을 건넸다. 특히 "친구들과 함께 더 오래, 더 자주 만날 수 있게 되어서 정말 행복해요."라고 말하던 5학년 추지윤 학생은 잊을 수가 없다. 세월이 훌쩍 지났는데 그 아이는 지금 어떤 어른이 되어 있을까? '배움'이라는 단어를 앞에 두고 생각하면, 언제나 아이들로부터 배우고 있음을 깨닫고는 한다.

롱런(Long Run)하려면, 롱런(Long Learn)하자

언젠가 라디오에서 성우로 활동하는 배한성 씨 이야기를 들었다. 오래전 일이라 기억이 흐릿해 자세한 내용이 떠오르지는 않지만, 그가 했던 "롱런하려면 롱런해야 합니다."라는 말은 지금도 또렷하다.

일이든 삶이든 그 무엇이든 오래도록 롱런(Long Run)하기 위해서는 배움의 길도 롱런(Long Learn)해야 함은 진리에 가깝다고 하겠다. 이 말은 로마 시대의 철학자 세네카가 남긴 "살아 있는 한 계속해서 사는 법을 배워라."라는 잠언과 같다. 끊임없이 배우는 일은 자신의 성장뿐만 아니라 가정이나 사회, 더 나아가 국가적인 차원에서도 필요한 일이 아닐까?

나는 어릴 때부터 지금까지 '공부'에 지나치게 매달리지도 않았지만 게을리하지도 않았다. 남들보다 실력이 좋거나 그렇지 않음을 잣대 삼아 본 기억도 거의 없다. 다만, 청년 시절을 거치면서 '무언가 도움을 주는 사람'이고 싶다는 생각을 품기는 했다. 그렇게 가슴에 품은 생각을 하나씩 하나씩 행동으로 옮기면서 지금의 자리에 서 있는 게 아닐까 싶다. 때로는 나도 모르는 행운도 따랐을 것이다. 세상일은 노력만으로 이루어질 수 없는 경우도 있기 마련이다. 그럴 때마다 '공부하는 사람의 태도'에 관해 생각한다.

그러고 보면 세상을 조금 더 나은 방향으로 이끌고, 나아가게 하는 힘은 공부에 있지 않을까 싶다. 누군가 '공부란 즐거운 고통'이라고 했다. 때로는 학습보다 구도(求道)의 과정으로 받아들이고 나면 조금은 수월했던 기억도 있다. 공부가 결코 쉬울 리 없다. 하지만 쉽지 않은 길을 걷고 난 후의 성취감, 그런 에너지를 모아서 타인을 위해 쓸 수 있다는 것은 참으로 괜찮은 일이라 여긴다.

간혹 지인들과 만나면 4차 산업혁명 시대를 맞아 무엇을 준비하고 어떤 공부를 해야 할 것인가를 이야기한다. 그럴 때 나는 과거의 방법과는 다른 패러다임의 전환이 필요하다고 조심스레 말하는 편이다. 인터넷은 물론이고 다양한 플랫폼 채널을 통해 수없이 많은 정보를 아주 쉽게 얻을 수 있는 세상이다. 그러다 보니 똑똑한 사람은 많은 반면, 지혜로운 이를 찾아보기 힘들다. 비슷한 정보를 가공해 자신의 것으로 복사하고 복제하는 스킬은 늘었지만 그렇게 체득한 정보를 타인을 위해 재생산하는 이

거제 연초정수장 시설개량 사업 준공식

I 사업 개요

* 목   적 : 연초댐 환경개선사업 시행으로 운휴 중인 연초정수장의 노후화된 시설을 전면개량하여 깨끗한 물을 안정적으로 공급하고 장래 거제시 용수부족에 대비
* 위   치 : 경남 거제시 연초면 덕치리 연초정수장
* 공사기간 : 2010년 4월 ~ 2012년 11월
* 사 업 비 : 205억원
* 내   용 : 정수장(1.6천㎥/일) 1개소 시설 전면 개량, 국내최초 세라믹막과 고도처리 혼합공정 도입

거제 연초정수장 시설개량 사업 개요

는 드물기 때문이다. 창의적 인물이란 어떤 존재인가에 대해 다시금 생각하게 된다.

거제 시정 활동을 하는 동안 수없이 많은 '새로움'과 만났다. 그 가운데 어떤 것은 조금 알고 있는 것을 스스로 배우면서 결정할 때도 있었고, 대부분 동료 전문가들이 분석한 자료들을 놓고 토의하면서 결과를 향해 나아가기도 했다. '새로움'이란 단어를 떠올리면 지난 2012년 가을, 국내 최초로 하이브리드(Hybrid) 공법을 적용해 거제 연초정수장을 개량한 사업이 떠오른다. 거제시가 총 사업비 205억 원을 투입해 시민들에게 맑고 깨끗한 수돗물을 공급하기 위해 추진한 일이다. 연초정수장은 세라믹 막 여과 고도공정에 오존 및 입상활성탄 고도정수처리공정을

추가한 하이브리드 공법을 적용했다. 이것은 하이브리드 공법을 국내에 최초로 적용했다는 데서 그 의미를 찾을 수도 있다. 그러나 무엇보다 신기술 공법을 적용해 거제 시민들이 하루 1만 6,000㎥에 달하는 좋은 품질의 수돗물을 사용할 수 있게 된 뜻깊은 일이라 여긴다.

새로운 기술이나 정보 등을 실제 산업이나 일상에 적용해 효과를 보려면 끊임없는 공부가 필요하다. 물론 모두가 인정하는 좋은 성과를 얻기 위해서는 기다림이란 시간도 필요하다. 나는 공직 생활을 하는 동안 동료들에게 '생각보다 행동, 계획보다 실천'을 강조해 왔다. 수많은 보고를 받은 후 과정이나 결과를 물었을 때 '거의 다 했다.'라는 답변을 들을 때가 있다. 그런 답변을 하는 동료들 대부분은 생각과 계획에 여전히 갇혀 있는 경우가 많다. 위험 요소를 줄이고 올바른 결과를 생산하기 위한 스트레스 또한 적지 않겠지만, 나는 그들에게 "생각하고 있는 것, 거의 한 것은 중요하지 않습니다. 무엇이든 바꾸려면 지금 바로 행동하는 실천이 필요합니다."라고 말하고는 했다. 돌아보면 쉽지 않은 일을 묵묵하게 함께한 공직자들에게 고마운 마음이다.

무엇이 중요한가? 좋은 전쟁도, 나쁜 평화도 없다

　유대인들의 정신적 지주이면서 율법서라고 불리는 『탈무드』
는 현대인들에게도 꼭 필요한 책 가운데 하나라고 여겨 곁에 두
고 가끔씩 펼쳐 보고는 한다.

　서기 70년 무렵 성전(聖殿)이 무너진 후, 유대인들은 팔레스타
인을 떠나 로마 제국 여러 곳으로 뿔뿔이 흩어지게 된다. 가혹한
운명의 서사가 시작된 후, 그들은 '민족의 동질성 유지'라는 측
면에서 정신적 구심점이 필요하게 되었다. 『탈무드』는 유대인에
게 중요한 가치를 지니고 있으며, 기원전 500년부터 서기 500
년에 걸쳐 대략 1,000년 동안 구전되어 온 지혜를 수천 명의 학
자들이 모아서 펴낸 책이다.

　간혹 『탈무드』를 펴고 그 속에 담긴 가치를 찾아 옮길 때가 있
다. "선택의 여지가 없을 때는 용기의 정신을 발휘하라."라든가,
"평화는 무력으로 유지할 수 없다. 오직 이해를 통해 유지될 수
있다."와 같은 잠언을 읽을 때면, '국가와 민족을 위한 평화란 어
떤 방식으로 이루어야 하는가?'를 생각하게 된다. 세계 지도에
표시된 국가의 수는 237개국이고, UN에 회원국으로 가입한 나
라는 193개국이다. 또한 국제법의 적용을 받는 나라는 242곳이
고, 국제축구연맹(FIFA)에 가입한 국가는 211개국이라고 FIFA는

밝히고 있다. 우리나라 외교부가 인정한 국가는 228개국이며, 통계청에서는 224개 국가를 인정하고 있다. 하나의 지구에서 존재하는 국가의 수는 기준에 따라 다양하게 파악되는데, 그 이유를 파고들면 '이해관계' 때문임이 드러난다.

특히 지난 제1, 2차 세계대전을 겪은 지구촌은 여전히 분쟁의 불씨를 안고 있고, 지금도 어느 국가는 전쟁 중이다. 인류가 얼마나 야만스러운가를 알기 위해서 기원전 431~404년까지 27년 동안 지속된 전쟁을 다룬 『펠로폰네소스 전쟁사』를 비롯해 수많은 전쟁사 책을 굳이 찾아 읽지 않아도 쉽게 알 수 있다. 지금도 TV나 유튜브 등을 통해 실시간으로 송출되고 있는 '전쟁의 참혹한 현실'은 언제고 우리에게도 일어날 수 있는 일임을 잊지 말아야 한다.

헤밍웨이는 "전쟁은 아무리 필요할지라도, 또는 아무리 정당화될지라도 결코 죄악이 아니라고 생각해서는 안 된다."라고 지적했다. 우리가 전쟁과 평화를 떠올릴 때 흔히 "가장 나쁜 평화라도 가장 좋은 전쟁보다 낫다."라는 말을 인용한다. 미국 건국의 아버지인 벤저민 프랭클린의 이 말속에는 전쟁보다 평화의 가치와 중요성에 관한 생각이 담겨 있다. 지구라는 공간에서 벌어지는 수많은 전쟁, 즉 경제 전쟁을 비롯한 무수한 충돌 가운데 최악은 '물리적 전쟁'이라 할 수 있다. 전쟁의 피해는 가장 힘없

을지연습의 성공적인 수행을 위한 준비 보고회

는 사람들에게 직격탄을 날린다. 그 가운데 특히 어린아이들의
희생은 보고 듣는 것만으로도 슬픔을 견딜 수 없다.

특히 우리나라는 여전히 남과 북이 대치 상태이고, 종전이 아
닌 휴전 상태이다. 언제라도 한반도 전체가 불바다가 될 수 있
는 화약고라고 할 수 있다. 중앙정부는 물론이고 지방자치단체
공직자들의 사명 가운데 가장 핵심은 '전쟁 등 위기 상황에서 국
민을 보호'하는 일임은 두말할 필요가 없을 정도다. 70여 년 전
에 동족상잔의 비극을 경험한 우리가 경계를 늦추지 않고 전쟁
을 대비해야 하는 이유는 수없이 많다. 평화는 평화를 말한다고
이루어질 수 있는 문제도 아니며, 힘의 논리로 전쟁을 대비해야

만 평화를 유지하는 것은 더더욱 아니다. 하지만 우리는 "전쟁에 대비하는 것은 평화를 유지하는 가장 효과적인 방법이다."라고 한 조지 워싱턴의 말을 명심할 필요가 있다.

현대의 전쟁은 전방과 후방이 따로 분리되어 있지 않고, 전쟁의 포화 속에서 안전지대도 있을 수 없다. 그렇기 때문에 우리는 전쟁으로 인한 위기 상황 발생 시 효과적이고 즉각적인 대응 태세를 준비하고 있어야 한다. 거제시는 해마다 위기 상황에 대처하는 훈련과 준비에 만전을 기하기 위해 노력해 왔다. '을지연습'이 그 대표적 사례라고 할 수 있다. 1968년 무장공비 침투사건을 계기로 시작된 을지연습은 매년 각급 행정기관과 상호 연계하에 전쟁 대비 훈련을 실시하고 있다.

적의 국지 도발을 비롯한 다양한 위기 상황을 설정하고, 민관군 통합방위 태세를 확립하여, 시민의 안전과 함께 위기 상황 극복을 목적으로 실시해 왔다. 전쟁이 발생하면 언제, 어디서나 적의 공격을 받을 수 있기 때문에, 수도권에서 상당히 멀리 떨어져 있는 거제시라 하더라도 평소에 준비를 단단히 해야만 하는 것이다. 해마다 을지연습을 마치고 나면, 국가 안보와 시민의 안전이 따로 분리되어 존재할 수 없음을 깨닫는다. 이 세상에는 좋은 전쟁도, 나쁜 평화도 없다는 말의 무게감을 절실히 깨닫고 만약의 사태에 대비하는 것은 모든 공직자의 기본 자세다.

감동은 기적을 이루는 힘을 지녔다

'자연'과 '예술' 사이에는 어떤 연결 고리가 있을까? 문학과 예술을 좋아하지만 직접 활동에 참여한 적이 없는 나로서는 단지 상상으로 그 관계성을 예측할 뿐이다. 도시 행정을 도맡아 시의 살림살이를 꾸리다 보면 시급히 해결해야 할 과제들이 산더미다. 시민들의 삶과 직간접적으로 연결된 것들, 그러니까 신도시와 구도시의 적절한 균형 발전을 도모하는 일, 더불어 낙후된 지역의 발전을 거시적 측면에서 계획하고 점진적 개발을 통해 정상화하는 일도 시의 살림살이 가운데 하나라고 할 수 있다. 그러나 간혹 조금 더 먼 미래를 위해 무엇을 해야 할까를 고민하는 순간도 있다.

경남 거제시는 조선산업을 기반으로 성장한 도시이면서, 천혜의 자연환경을 갖춘 문화관광산업 도시이기도 하다. 전자가 과거와 현재의 거제를 일군 핵심축이었다면, 후자는 미래를 위해 준비해야 할 사업 가운데 하나라고 여긴다. 거제와 통영 등을 포함하여 경남은 우리나라의 뛰어난 예술가들이 나고 자란 예향(藝鄕)이다. 소설가 박경리 선생과 유치환 시인, 윤이상 음악가는 통영의 자랑이자 동시에 우리나라를 대표하는 예술가라고 할 수 있다. 척박한 시절, 가난과 고난 속에서도 예술가들은 작품을 통해 대중에게 '희망의 끈'을 이어주었다고 생각한다.

　비단 우리나라뿐만 아니라 한 명의 예술가가 지닌 위대한 가치는 오랜 세월이 지나도 그 빛을 잃지 않는다. 시간과 공간을 초월해 높이 평가받는 예술가 가운데 셰익스피어의 사례를 떠올리지 않을 수 없다. 윌리엄 셰익스피어(William Shakespeare)는 영국이 낳은 대표적인 극작가로 손꼽히는 인물이다. 1564년에 태어나 1616년 생을 마감하기 전까지 그의 펜 끝에서 탄생한 수많은 작품은 인류 보편적 가치를 담아 오늘날까지 변함없이 사랑받고 있다. 단순히 문학작품으로서뿐 아니라 전 세계의 무대에 오르면서 엄청난 영향력을 발휘한다. 영국의 엘리자베스 여왕은 셰익스피어를 두고 "국가를 모두 넘겨주는 일이 생긴다고 하더라도, 절대 셰익스피어 한 명만은 못 넘긴다."라고 했을 정도였다.

　셰익스피어의 명성을 활용한 영국의 문화 예술 활동 지원은 비단 관광산업 육성이란 측면을 벗어나서도 꽤 유용한 장점을 지닌다. 우리에게 잘 알려진 헤르만 헤세(Hermann Hesse)의 경우도 마찬가지다. 노벨문학상 수상 작가이도 한 헤세는 오랜 세월 대중 사이에서 화제의 중심에 선 인물이다. 두 번의 이혼과 세 번의 결혼, 조국 독일의 전쟁을 반대했다는 이유로 추방 당했을 뿐만 아니라, 많은 사람의 사랑을 받은 만큼 한편으로는 비난과

거제시 문화예술창작촌

질투의 대상이 되기도 한 인물이다. 하지만 헤세의 삶에서 문학은 절대적인 가치를 지니고 있었고, 말년에 헤세가 머문 곳은 이제 수많은 세계인이 찾는 명소가 되었다. 헤세는 "나는 평생 나자신으로 살 수 있는 장소를 드디어 찾았다."라고 말했는데, 그가 살던 카이엔호펜의 보덴 호수마을은 독일과 스위스 사이에 있는 명소 가운데 하나로 널리 알려져 있다.

거제시뿐만 아니라 많은 지자체에서 예술가를 지원하는 사업을 펼치고 있다. 부족한 면도 있지만, 국가와 정부가 나서서 예술가들의 활동을 지원하는 것은 여전히 의미 있는 일이라 여긴다. 거제시는 지난 2012년 7월, 장목면 송진포리에 있는 구 송진포 분교를 리모델링하여 문화예술창작촌을 세웠다. 600㎡ 규모에 3억 원을 들여서 준공한 창작촌은 예술가들을 지원하는 터전으로서 제 몫을 다할 것으로 기대가 크다. 창작촌 준공 후 거제시는 박영숙 한국예총 거제지회장 등과 협의하여 문화예술 창작촌 선정위원회를 구성했고, 2012년 12월부터 1년 동안 창작 활동에 매진할 수 있는 예술가를 선정했다. 평생에 걸쳐 작품 활동을 한 예술가들에게 1년은 무엇인가를 이루고 역작을 완성하기에 부족한 시간일지도 모른다. 하지만 거제시가 예술가들의 활동에 관심을 가지고 작품 활동을 지원한다는 측면에서는 매우 의미있는 일이다.

대한민국의 K-컬처는 이미 세계의 중심에 서 있다. BTS는 물론이고, 드라마와 영화 등을 통해서 세계인들이 우리나라의 뛰어난 문화를 체험하고 예술 작품을 감상한다. 그들은 우리가 만들어 낸 창작물을 접하면서 감동하고, 그러한 감동은 대한민국 방문으로 이어지고 있다. 특히 예술을 통한 감동은 오래도록 기억에 남고, 그들의 추억은 우리나라의 위상을 드높이는 에너지가 될 것임이 분명하다. 세계 경제가 위태로워지면서 우리나라도 그 영향을 받고 있지만, 우리가 놓치지 말아야 할 것은 미래의 문화 자산이 '아트 비즈니스'라는 점을 반드시 기억하고 키워나가야 한다는 것이다.

관점을 바꾸면 없던 것이 보인다

　엑스포와 올림픽 그리고 월드컵은 '지구촌 3대 메가 이벤트'로 꼽히는 국제 행사다. 전 세계인의 관심사가 쏠리는 것은 물론, 어마어마한 규모의 경제 효과 등을 부차적으로 얻을 수 있기 때문이다. 올림픽과 월드컵을 유치한 경험을 지닌 우리나라로서는 '2030 부산 엑스포'를 유치하지 못한 아쉬움이 실로 클 수밖에 없다. 수많은 언론과 대중의 여론은 싸늘할 정도이고, 혹독한 평가의 몫은 고스란히 정부를 향해 쏟아지고 있다. 관심이 컸던 만큼의 안타까움이라 여긴다. 하지만 우리가 잊지 말아야 할 것은 '실패를 통해 얻을 수 있는 가치'가 무엇인지 다시 한번 생

세계조선해양축제 자문위원 위촉 (2012년 1월 26일)

각해 볼 필요가 있다는 점이다.

우선 이번이 마지막 기회가 아니라는 것이다. 오래전부터 유치에 올인해 준비한 사우디아라비아의 전략을 분석하고, 세계를 향한 '여론 전쟁'에서 승리를 거둔 원인을 찾아내야만 한다. 그들이 승리한 요인과 방법을 찾지 못한다면, 뻔한 변명거리만 늘어놓게 될 뿐이다. 더 이상 국민의 비난을 피해 숨을 장소를 찾지 말고, 당당한 모습으로 실패를 인정해야만 한다. 용기란 실패를 딛고 일어설 때 더 큰 에너지를 발휘하기 때문이다. 괴테는 "용기란 성공한다는 보장이 없어도 다시 한번 시작하겠다는 약속이다."라고 말했다. 이 말이 지닌 힘과 깊이를 다시 한번 새겨볼 필요가 있다.

규모나 가치 등에서 '2030 엑스포'에 견줄 수는 없겠지만, 거제시 부시장으로 재임하던 중 전력을 다해 준비한 축제가 있었다. 23만 거제 시민 모두가 관심을 가지고 역량을 모아 함께 준비한 〈2012 세계조선해양축제〉가 그것이다. 지난 2012년 5월 3일부터 7일까지 고현만과 거제시 일원에서 〈2012 세계조선해양축제〉를 개최했다. 모든 행사가 그렇지만 '시작보다 준비 과정'이 훨씬 더 복잡하고 어렵기 마련이다. 축제를 열기 전까지 세계조선해양축제 추진위원회 박장섭 위원장을 비롯해 많은 관계자가 한마음이 되어 그야말로 사력을 다해 준비했다. 축제의

세계조선해양축제 추진위원 활동 모습 (2012년 1월 27일)

2012년 거제 세계조선해양축제

개최 목적은 세계 1위 조선산업 도시인 거제의 현재와 미래의 청사진을 보여줌으로써 국내외 많은 기업과 관계자들의 관심을 끌어모으기 위함이었다.

축제를 계획하고 추진한 주최는 세계조선해양축제 추진위원회였고, 거제시는 후원을 맡았다. 단순한 축제 후원자로서가 아닌 주도적 참여로 공백을 살피고 메우는 역할을 했다. 무엇보다 대우조선해양과 삼성중공업이 주관사로 선정되어 축제 예산의

80%를 부담해 주었다. 전체 예산 42억 원 가운데 상당한 부분을 투자한 것이다. 〈2012 세계조선해양축제〉는 산업 현장에서 땀 흘리는 근로자들의 자긍심을 높여주는 기회가 되었고, 2014년 거제시가 개최 예정인 〈세계조선엑스포〉를 사전 대비하는 목적도 있었다. 5일간 치러진 축제는 그야말로 거제시와 경남도민 전체가 하나로 마음을 모은 '행복한 시간'이었다. 주최 측의 꼼꼼한 계획과 준비를 통해 5일 동안 6개 분야에서 38개 프로그램이 기획 운영되었고, 시민들과 참가 기업 관련 종사자들은 축제의 기쁨을 만끽했던 것으로 기억한다. 당시 박장섭 추진위원장은 언론과의 인터뷰를 통해 "지난해 7월 거제시가 계획한 세계범선축제를 논의하기 시작하면서 이 행사가 세계조선해양축제로 진일보한 것이다."라고 전제한 뒤 "40년 역사를 지닌 거제 조선산업의 역사를 조망하는 가장 큰 행사로 성공적 개최에 최선을 다하겠다."라고 강조했다.

모든 일이 그렇지만 준비 과정 속에 쏟아부은 땀과 열정에 비례해서 결실을 맺는다는 것은 진리에 가깝다. 거제시의 상징적 축제로 자리 잡은 〈세계조선해양축제〉는 시와 기업이 뜻을 하나로 모으고, 거기에 온 시민이 뜨거운 애정을 보내주었기에 가능했다. 물론 준비하고 실행하는 과정에서 부족한 부분도 있었지만, 모든 일을 실행함에 있어 '관점을 달리하여 없던 것을 찾아내는 일'이 주요했다고 여긴다.

'위기 속에 기회가 있다.'는 말이 있다. 특히 위기는 우리의 삶을 바꾸거나, 적어도 더 명확하게 볼 수 있는 기회를 제공한다. 위기에 처할 때마다 어떤 마음 자세로 행동하느냐에 따라 결과는 완전히 달라진다. "기회는 준비된 자에게 찾아온다."라는 당연하지만 실천하기는 어려운 카네기의 명언을 잊지 말아야 할 것이다. 모든 기회는 실패를 두려워하지 않고 준비하는 자들에게 돌아간다.

꽃으로도 때리지 말라

포털 사이트 검색창에 '학교 폭력'이란 키워드를 입력하고 결과치를 기다리자 올 한 해 동안 게재된 기사 수가 1만 4,475건으로 나타났다. 한 해 동안 송출된 기사를 1일치로 바꿔보면 '학교 폭력' 관련 기사가 매일 40여 건씩 쏟아진 것이다. 빅데이터로 변환해 인포그래픽으로 나타낸 '학교 폭력'과 관련한 연관 검색어는 더욱 심각한 상황을 보여주었다. 우선 '초등학생 폭력'이 예상보다 큰 비중을 차지하는 것이 놀랍다. '왕따와 언어폭력, 가해자, 주범, 논란, 피해 학생, 극단적 선택' 등과 같은 연관 검색어는 폭력의 심각성을 한눈에 확인할 수 있게 해준다. 여기서 주목할 사항은 '폭력'의 가해자와 피해자의 연령대가 낮아졌고, 범위도 더 넓어졌다는 점이다.

정부는 올해 4월 국무총리 주재로 학교폭력대책위원회를 열고, 학교 폭력과 관련한 종합 대책을 심의하고 의결했다. 이날 의결된 사항에 따르면, 가해 학생의 학교생활 기록부(학생부)에 있는 학교 폭력 조치 기록이 졸업 이후에도 최대 4년 동안 보존된다. 특히 학생부에 기록된 조치 사항은 대학 입학 전형에도 반영된다. 또 학생부의 기록을 삭제하기 위해서는 반드시 피해 학생의 동의가 필요하다고 명시해 놓았다. 학교 폭력에 대해 교육 기관은 물론이고, 특히 정부가 그 심각성을 파악하고 대책 마련을 위해 고심하고 있음이 보인다. 학교 폭력과 관련한 문제는 교육기관이나 정부의 몫으로만 그쳐서는 안 된다. 학교라는 공간을 중심으로 가정과 지역 사회 등의 전방위적인 관심과 연계가 절실한 사안이다.

무엇보다 유튜브를 비롯하여 SNS 등 개인 플랫폼 사용자가 늘면서, 학교 폭력을 콘텐츠로 양산하고 무분별하게 확산하는 것 또한 주목할 필요가 있다. 스마트 정보 기술의 발달과 함께 사용자들 가운데 많은 수가 청소년들임은 굳이 언급할 필요는 없겠지만 2차, 3차로 재확산되는 것 또한 문제점 가운데 하나라고 할 수 있다. 청소년들은 피해의 주체이면서 동시에 그 반대편에 설 수 있는 현재의 환경을 직시하고, 학교 폭력과 관련한 제도적 시스템을 더욱 강화할 필요가 있다.

거제시 부시장 재임 기간 동안 '학교 폭력'과 관련한 문제를 해결해야 할 우선순위에 놓아두고, 다양한 분야의 전문가들과 함께 대책 마련을 위해 고민했던 기억이 난다. 심리적인 측면에서도 그렇거니와 물리적 행태로 일어나는 폭력을 근절하기는 쉽지 않은 일이다. 특히 폭력은 발생 이후의 대응 방법도 필요하지만, 사전 예방을 위한 노력이 더욱 중요하다고 생각한다.

학교 폭력과 관련한 문제로 인해 골머리를 앓는 건 비단 우리나라만의 일은 아니다. 가까운 이웃 나라인 일본이나 중국은 물

거제시 학교 폭력 예방을 위한 거리 캠페인 모습 (2012년 2월)

론이고 유럽 등 전 세계 공통의 심각한 걱정거리가 되었다. 캐나다는 오래전부터 학교 폭력 예방을 위해 '핑크셔츠데이(Pink Shirt Day)'를 만들어 실행해 왔다. 2007년 노바스코샤주에서 시작돼 캐나다 전역으로 퍼져나갔으며 집단 괴롭힘이나 폭력, 따돌림 등을 하지 않겠다는 의미로 1년에 하루 분홍색이 포함된 옷을 입는다. 캐나다의 핑크셔츠데이는 특히 성(性) 폭력과 관련한 심각성을 대중과 공감하기 위해 만들어진 것이다. 여성과 남성을 젠더 갈등으로 구분 지어 발생하는 광범위한 폭력성을 다시 한번 생각하자는 의미가 담긴 캠페인이다.

거제시를 비롯한 많은 정부 기관이 '학교 폭력 근절을 위한 캠페인'에 나선다. 혹자는 "피켓과 플래카드를 들고 걷는다고 해서 학교 폭력이 줄어들겠느냐?"고 묻기도 한다. 하지만 내 생각은 명확하다. 우리 아이들의 지능과 지혜, 체력 등이 성장하는 공간인 학교는 물론이고 지역 사회 전체에서 '학교 폭력'에 관심을 기울여야 한다. 어떤 개인이나 단체를 중심으로 한 관심과 행동이 아니라, 우리가 함께 살아가는 곳이라면 그곳이 어디든 '폭력의 비인간성'을 지나칠 정도로 알리고 또 알려야 한다고 본다. 그것은 마치 우리가 의식하지 않고도 '숨을 쉬어야 살 수 있는 것'과 마찬가지 방법으로 이루어져야 한다.

국민 배우로 사랑받는 김혜자 씨가 펴낸 『꽃으로도 때리지 말라』라는 책이 있다. 오랜 세월 동안 전쟁과 가난으로 고통받는 지역의 아이들을 위해 봉사한 기록을 담아 놓은 산문집이다. 고통스러운 현장에서 만난 아이들을 걱정하며 그들에게 작은 도움을 주기 위해서 펴낸 책이다. 책 내용 중에 있는 "전쟁과 가난, 폭력이 난무하는 곳에서도 아이들은 절대 꿈과 희망을 놓지 않는다."라는 구절이 생각난다. 책 제목으로 사용된 문구는 스페인의 교육자인 프란시스코 페레(1859~1909)가 말한 "꽃으로도 아이를 때리지 말라."에서 따온 것이다. 그는 "아이가 가진 능력을 키워주는 것 이외의 목적이 교육에 개입되어서는 안 된다."고 주장했다. 페레가 살던 100년 전에도 폭력은 난무했고, 그것으로부터 소중한 아이들을 지키려는 노력 또한 컸다. 오늘날 우리가 거리에서 "모두 다 함께 학교 폭력 예방하자."라는 구호를 외치며 걷는 이유도 크게 다르지 않다. 이 세상 무엇보다 소중한 우리 아이들을 위한 행동이기 때문이다.

다시 깨끗해지는 힘, 회복 탄력성을 생각하다

일을 하다 보면 '시선이나 관점의 변화'가 필요한 순간이 있다. 기업은 물론이고 정부 기관도 마찬가지다. 시선이 특정 사업의 목표점을 지향한다면, 관점은 다양한 방향 모색을 통해 최상의 결과를 추구하는 것이다. 즉, 두 가지 모두 이전과는 다른 좀 더 나은 결과를 위한 노력이 필수적으로 요구된다. 흔히 말하는 '관점의 변화'는 당연하다고 여기는 모든 방법을 거꾸로, 비틀고, 반대 입장에서 바라보는 것이다. 과거부터 현재까지 당연하다고 여겨 온 일과 프로세스 대부분은 '좀 더 나은 성과'를 가로막는 장벽이었을지도 모른다.

베스트셀러 작가인 제임스 클리어는 "우리가 '보는' 것에 작은 변화가 일어난다면, 우리가 '하는' 일에 큰 변화가 일어날 수 있다."라고 전제한 뒤 "생활 및 직장 환경에서 생산적인 신호들을 채우고, 비생산적인 신호들을 제거하는 것은 매우 중요하다."라고 말한다. 그는 일과 삶에서 생산적인 신호를 채우기 위해 "보는 것과 하는 일의 변화"를 강조한다. 이 두 가지를 달리 표현하면 '시선과 관점의 변화'라고 할 수 있다. 생활이나 일터의 환경은 마음만 먹으면 바꿀 수 있다. 즉, 주도적으로 모든 환경의 설계자가 되어 우리 자신을 통제할 수 있게 해 주고, 비생산적인 방식을 보완함으로써 좀 더 생산적인 결과를 이끌어 낼 수 있는 것이다. 이렇게 마인드 변화를 통해 좀 더 나은 방향으로 협업하고 협력하면 기대 이상의 좋은 결실을 맺을 수 있다.

거제시 부시장 재임 시절 동안 이런 시선과 관점으로 노력한 사업이 적지 않다. 그 가운데 시민의 일상생활과 밀접한 관련이 있는 〈거제시 지방상수도 운영효율화 사업〉은 거제시와 한국수자원공사가 열정을 쏟아부어 좋은 결실을 맺은 사례로 기억한다. 2013년 당시 우리나라 상수도 보급률은 95.7%에 달했으나, 지방 면단위 지역 등의 급수 보급률은 66.4%에 불과해서 전체 평균에 훨씬 미치지 못했다. 수돗물 급수 혜택을 받지 못하는 인구도 242만 명이나 되는데, 이는 우리나라 전체 인구의 4.3%에 달한다. 이들 미급수 지역 주민들은 마을의 상수도나 우물 등에 의존해서 일상생활을 하고 있다.

거제시는 우리 시민 모두가 차별 없는 물 복지 혜택을 누릴 수 있도록, 그리하여 시민의 일상생활에 부족함이 없도록 체계적인 물 공급을 위해 지속적인 노력을 기울여 왔다. 지난 2008년 2월 한국수자원공사와 〈지방상수도 운영효율화 사업 협약〉을 체결하고, 2028년 1월까지 20년간 거제시의 상수도 유지 관리 업무를 위탁해 운영하고 있다.

상수도 위탁 사업의 취지는 좋았으나 위탁 사업 용역에 대하여 공무원의 역량과 경험 부족으로 한국수자원공사가 제안한 대로 협약을 체결했다. 협약 초기에는 거제시의 재정 부담이 적었으나 시간이 지나면서 해마다 부담액이 늘어났고, 이런 문제의 해결을 위해 부시장이 직접 한국수자원공사와 협상을 진두지휘하여 협약 변경을 이끌었다. 이에 따라 거제시는 재정 절감 성과를 거두었으며, 실무적으로 정종진 상수도팀장이 많은 고생을 했다. 이때의 경험을 바탕으로 상수도 사업의 위탁과 직영을 비교해 개선 방안을 도출하는 박사 학위 논문의 주제가 되기도 했다. 한국수자원공사(K-water)는 그 당시 거제시를 비롯해 전국 22개 지자체와의 협약으로 깨끗한 물 공급을 위해 노력해 왔다. 물은 한 번 오염되고 나면 다시 깨끗이 정화하는 데 엄청난 노력이 필요하다. 그렇기 때문에 거제시는 한국수자원공사와 함께 식수원이 오염될 수 있는 지역을 조사 분석하여, 오염 물질과 더불어 그 발생 원인 등을 찾아 개선하는 사업도 병행했다.

거제시 관내 상수원은 구천댐과 연초댐, 소동저수지이다. 이곳들의 상수원이 오염되는 요인을 줄이기 위해 연초댐 상류에 위치한 명상마을의 오수를 소규모 하수처리 시설로 연결했고, 구천댐 상류 삼거마을의 경우 대부분 중앙 하수처리장에서 오수가 처리되고 있었기 때문에 하수도 정비 기본 계획을 변경해 미처 하수처리장과 연결되지 않고 있던 지역까지 연결되도록 조치했다.

이러한 노력의 결과로 지난 2019년 4월, 거제시가 '지방상수도 운영효율화 사업 우수지자체'로 선정되었다. 한국수자원공

(수범사례)

거제시 지방상수도 효율화사업 예산절감 사례

■ 추진 배경

- 대부분의 지방 상수도 사업은 ① 규모의 영세성으로 인한 비효율적 운영, ② 투자 재원 확보애로, ③ 책임경영 및 전문성 확보 곤란, ④ 지자체간 수도 서비스 불균형 및 요금 격차, ⑤ 누수로 인한 예산낭비, ⑥ 중복 과잉투자 등 문제점 내포

- 중앙 정부에서는 이러한 문제점 개선을 위하여 물 전문 공기업에 위탁 운영함으로써 ① 수자원의 낭비 예방, ② 광역상수도와 지방상수도의 연계 운영을 통한 수질의 안정성 확보, ③ 규모의 경제를 실현하며 국가 수도사업의 효율화를 도모하고 ④ 물 시장 개방 대비 등 국가적 차원의 정책 사업으로 추진함.

- 우리시는 '05.04.26일자 수자원공사의 참여 요청, '05.07.26일 기본협약 체결 후 사업진단, 타당성여부 용역 실시, 위탁심의위원회 개최, 주민 공람·공고, 주민설명회, 의회 위탁운영 동의 등의 절차를 마치고,

- 2007.11.01일 한국수자원공사와 20년간(2008.02.01~2028.01.31) 수공 투자액은 1,171억(불변가), 우리시는 1,287억(불변가)을 지급하는 것으로 협약을 맺어 국가 정책 부응 및 지방상수도 문제점 개선코자 추진하였음.

※ 2012년 12월 현재 전국 위탁 현황(24개 시군) — 거제시 10번째 위탁 계약함

2004	2005	2006	2007	2008	2009	2010	2012	
논산(30년) 정읍(20년)	사천(30년) 예천(30년)	서산(30년) 천안(30년) 고령(30년)	금산(30년) 동두(30년)	거제(20년) 양주(20년) 나주(20년) 단양(20년)	파주(20년) 함평(20년) 광주(20년)	통영(20년) 고성(20년)	완도(20년) 진도(20년) 정읍(20년)	지자체 ⇔ 수공
							평창(20년) 영월(20년) 청송(20년)	지자체 ⇔ 환경단

■ 도출된 문제점
시 재정부담 가중
- 위탁 4년이 경과한 2011년 11월경, 위탁으로 인하여 시 재정 부담이 계속해서 증가되고 있어 타당성 재검토를 위한 용역 결과,

지방상수도 운영효율화 사업 예산절감 사례(거제시)

사는 2004년 논산시를 시작으로 그 당시 23개 지방상수도를 수탁 운영해 왔다. 지난 15년 동안 20% 이상의 유수율 제고를 통해 원가를 절감했으며, 서비스 개선 사업을 통해 지방상수도

의 재정적 부담을 경감시키고 시민들의 만족도 또한 향상시켰다. 이러한 성과는 거제시가 지방상수도 운영효율화 사업 우수 지자체로 선정되는 결실을 맺었는데, 우리 거제시를 포함해 광주와 충남 논산, 태안, 경북 의성이 모범 지자체로 선정되었다.

우수지자체 선정 소식을 전해 듣고 '회복 탄력성'에 관해 잠시 생각했다. 회복 탄력성은 '크고 작은 역경 속에서 실패했을 때, 좌절을 딛고 다시 일어설 수 있는 능력'이라고 풀이할 수 있다. 인간의 회복 탄력성만큼 자연의 정화능력도 대단하다. 하지만 자연은 한 번 오염되면 다시 정상적인 상태로 되돌아오는 데 엄청난 노력과 시간이 필요하다. 이때 중요한 것은 인간, 즉 우리가 그러한 노력을 포기하지 않는 것에 있다고 본다. 시민들에게 맑은 물을 공급하기 위해 수없이 많은 시간을 고민하며 노력했다고 말할 수 있는 것은 나와 함께 땀 흘린 동료 공직자들의 모습을 가까이에서 지켜보았기 때문이다.

다시 깨끗해지는 힘을 자연의 치유력과 회복 탄력성에서 찾아본다. 조금 더 확대해, 우리의 정치 문화 현실도 그렇게 치유되고 회복 탄력성을 가질 수 있다면 얼마나 좋을까!

제4장

낮은 자세로 공복의 의무를 다하다
(창원 제1부시장 시절)

능률적이고 건설적인 행정 펼치기

2013년, 공직에 입문한 지 어느덧 20년이 흘렀다. 세월이 얼마나 빠르면 활시위를 떠난 살 같다고 할까. 스물일곱의 젊은이가 어느덧 쉰을 바라보는 나이가 되어 있었다. 쉰 살이 넘은 어느 작가는 마치 기차가 레일 위를 덜컹거리며 굴러가듯 세월이 가는 소리가 들린다고 말했다. 나이가 든다는 것은 사실 값진 일이다. 그만큼 세상을 보는 눈이 넓어지고, 삶의 연륜 속에 축적된 경험치들이 새로운 도약을 위한 탄탄한 기반이 되어 주니 말이다.

공직자로서 업무를 수행하며 내가 가장 중점을 둔 것은 '능률적인 행정'이었다. 판단 오류로 인한 잘못된 정책으로 피 같은 세금을 낭비하는 일은 절대 없어야 한다. 그리고 그에 못지않게 중요한 것은 보다 포괄적인 시각과 세심함으로 지역 주민들의 삶에 다가가 바람직하고 건설적인 행정을 펼치는 것이다.

도의 발전, 나아가 국가의 발전을 위해서는 불가피하게 개인의 희생이 따를 수밖에 없는 경우도 더러 있다. 하지만 불편부당하게, 사소한 것 하나라도 소홀함 없이, 그리고 장기적인 안목으로 미래를 내다보며 정책 수립에 매진해 온 시간들이었다. 그때 그 시절을 되돌아보면, 도민의 행복한 삶을 위해 구석구석 살피고, 무엇 하나라도 힘을 보태기 위해 정말 일 욕심을 부리며 뛰었다는 생각이 든다.

경남의 미래 성장 동력 만들기

1994년 내무부에 발령을 받아 1997년 경상남도에 와서 근무하며 마산시 기획경제국장 등 주로 경제 분야에서 경력을 쌓아왔다. 2013년 초에 경상남도 지역균형발전본부장을 거쳐 3월 말부터 6월 말까지 경제통상본부장을 맡아 경남의 경제를 총괄하게 되었다. 비록 3개월 남짓의 짧은 기간이었지만 경남 지역의 경제적 현안을 해결하기 위해 열과 성을 다했다.

당시 경남 도지사인 홍준표 지사는 큰 그림을 그리시는 분이었고, 쉴 새 없이 정책 아이디어를 쏟아내는 바람에 몸이 열 개라도 부족할 정도였다.

홍 지사는 경남의 50년 미래 성장 동력을 만들어내는 것이 경남도의 가장 중요한 현안이라고 강조하며 거기에 총력을 기울일 것을 주문했다. 사실 경남은 50년 전 박정희 대통령이 만든 경제 구조의 틀에서 벗어나지 못하고 있었다. 이제 기존의 틀로는 경남의 미래를 보장할 수 없으니 50년 미래를 내다보고 새로운 먹거리를 찾아 나서야 한다며 도지사가 직접 나서서 동분서주하는 마당에 경제를 총괄하는 내 입장에서는 더 바쁘게 뛰어야 하는 게 마땅했다. 밤잠을 설쳐 가며 고심하고 파고들다 보니 미래 비전이 보였다.

박근혜 정부는 항공우주, 나노, 해양플랜트, 그리고 의료산업을 미래의 성장 동력으로 꼽았다. 경남은 진주·사천의 항공우주산업, 밀양의 나노산업, 거제·하동의 해양플랜트 산업 등 위의 4가지 중에 3가지가 집중돼 있었기 때문에 잘만 하면 경남의 미래는 밝다는 생각이 들었다.

경제통상본부장 재임 시 가장 역점을 두고 연구 조사한 진주·사천 항공우주국가산업단지와 밀양 나노융합국가산업단지, 그리고 해양플랜트 산업의 개발에 대해 다시 한번 되짚어 보고자 한다. 이 세 가지는 경남도의 특화된 자원과 잠재력으로 경남도의 미래 경제를 견인할 새로운 성장 동력이었기 때문이다.

인터뷰 (경상남도 경제통상본부장 시절)

– 2013년 5월 28일 13:46 경남도민신문 게재

김석기 경남도 경제통상본부장은 "경남은행을 경남인의 품으로 가져오는 것은 경남 기업인들의 사활이 걸린 문제이므로 반드시 해결하겠다."고 밝히고 "특히 홍 지사가 도지사로서 재임하는 기간 동안 이 문제를 해결해 내겠다."고 강조했다.

또한 진주·사천의 항공우주산업, 밀양의 나노산업, 거제 하동의 해양플랜트 산업 등 우리나라의 미래 성장 동력이 경남에 집중돼 있기 때문에 이를 잘 만들어 나가기만 하면 경남의 미래는 밝다는 게 김 본부장의 진단이다.

다음은 김석기 경제통상본부장과의 대담 내용이다.

이름이 경찰청장 하던 김석기와 같다.

그런 이야기를 많이 듣는다.

공직에는 언제 들어왔나?

1994년 행정고시를 통해

김석기(경상남도 경제통상본부장)

내무부에 발령받았다. 1997년에 경남도에 와서 지금까지 근무하고 있다. 그동안 마산시 기획경제국장을 하는 등 주로 경제분야에서 경력을 쌓아온 셈이다.

마산고 출신인데 요즘 마산 분위기를 보면 어떤가?

제가 고등학교를 다닐 때와 지금을 비교해 보면 정말 격세지감이다. 제가 고등학교를 다닐 때는 아직 도청 소재지가 정해지지 않았던 시절이라 마산의 황금시대였다. 마산시의 규모가 그 당시로 전국 7대 도시 안에 들어갔던 시절이었다. 요즈음 마산의 형편을 보면 마산 시민들의 복잡한 속마음이 이해가 된다.

원래 창원은 마산에 포함되어 있던 곳 아닌가?

그렇다. 마산시 창원군이었다가 창원시로 독립하고 그리고 마산시가 창원시에 합병되었다. 한 도시도 이렇게 짧은 시간 안에 이렇게 변할 수 있다는 것을 보면 놀랍다는 생각이 든다.

행정고시 합격 후 내무부에서 공직 생활 시작

경제통상본부장으로 경남도의 경제를 총괄하게 되었다. 요즈음 가

장 바쁜 일이 무엇인가?

홍 지사로부터 '경남의 성장 동력을 만들어라.'는 지상명령이 내려져 있기 때문에 그 명령을 이행해 내는 게 급선무이다.

경남의 미래 성장 동력은 무엇인가?

다 알다시피 항공우주산업과 나노 그리고 해양플랜트 분야이다. 그리고 이 미래 성장 동력은 박근혜 정부가 선정한 성장 동력과 일치한다. 박근혜 정부는 항공우주산업, 나노, 해양플랜트, 그리고 의료산업을 미래의 성장 동력으로 꼽고 있다. 정부의 4가지 분야 가운데 3가지가 경남에 있다. 그런 점에서 우리가 잘만 해 나가면 경남의 미래는 밝다고 할 수 있다.

진주·사천 항공우주 국가산단은 잘 진행되고 있나?

가장 중요한 것은 국가산단을 만드는 것이 아니라 과연 얼마나 수요가 있을지가 관건이다. 이에 대한 판단을 하느라 국가산단 지정이 늦어지고 있다.

진주와 사천에 항공산단을 만들면 132만평이나 된다. 이렇게 넓은 산업단지에 입주할 기업을 구하는 게 관건이다. 산업통상자원부에서 난색을 표시하는 이유도 여기에 있다. 국토부 역시 분양이 될 것인지에 대해 회의적이다. 그래서 경남도의 입장은 항공산업만으로는 어렵고 수송기계를 융합해서 추진하려고 한다. 창원에 잘 발달된 수송기계 분야를 포함시키면 항공우주산단이 나름대로 의미가 있다. 올 10월 달쯤 결과가 나올 것인데 긍정적인 결과가 나올 것이라 확신한다.

항공 국가산단 수송기계 포함시키면 가능할 것

수송기계들이 창원에 밀집돼 있는데 진주로 가려 하겠나?

국가산단을 지금 추진하면 5~10년 이후에 입주가 가능하다. 그때쯤이면 창원에 있는 수송기계 업체들도 증설을 해야 하고 또 땅값 등으로 이주하려는 회사들도 있을 것으로 보여 산업단지 분양이 가능하지 않겠나, 생각한다. 창원의 땅값이 평당 500만 원 정도인데 진주·사천 산단의 땅값은 80만 원 수준이니 경쟁력이 있다고 보인다.

밀양의 나노산업단지는 어떻게 되어 가나. 일반인들은 나노라는 개념에 익숙지 못한 것 같은데?

나노 기술은 일반인들의 눈에는 잘 이해가 되지 않는 부분이 많다. 아직 진행형이라고 할 수 있다.

밀양이 어떻게 국가 나노산단을 추진할 수 있었나?

밀양에 있는 전기연구원 때문에 그렇다. 이 연구원의 나노 기술 중 세계적인 수준의 것이 있다.

어떤 것이 세계적인 기술인가?

'원통형 대면적 인쇄기술'이라는 것인데 아직 완성된 것은 아니고 개발 중이다. 그런데 완성되어 산업화되면 엄청난 파급효과를 지니고 있다고 한다.

어떤 점에서 그런가?

예를 들면 이 기술을 반도체 만드는 데 적용하면 이렇게 변한다. 지금은 반도체를 하나씩 심는 방식이다. 그런데 이 기술을 활용하여 인쇄를 하면 반도체가 되기 때문에 반도체 제조공정이 간단해진다. 엄청난 파급효과가 생기는 셈이다. 또 요즈음 한창 시장이 늘어나고 있는 LED 분야도 적용 가능하다. 태양광 전지에도 적용이 되는 등 산업계에 파급효과가 엄청나다.

밀양 나노산단 조성 지자체장 의지가 가장 중요

그렇다면 이 연구원 하나 보고 밀양에 나노국가산업단지를 조성한다는 말인가?

그것은 아니고, 나노국가산업단지를 지정하는 데는 지자체장의 의지가 가장 중요한 포인트가 된다. 밀양 엄용수 시장의 의지를 중앙정부에서 높게 평가하고 있다. 밀양에 나노국가산업단지가 들어서게 되면 경남으로서는 미래의 먹거리 하나를 확보하게 되는 것이다.

또 하나의 성장 동력인 해양플랜트는 어떻게 되나?

해양플랜트 산업은 거제와 하동에 나누어 추진된다. 거제는 해양플랜트 생산단지로, 하동은 해양플랜트 연구단지로 조성될 예정이다. 그런데 지금 조선경기가 주춤해 속도가 떨어지고는 있지만 잘될 것이라 생각된다. 특히 거제의 경우는 삼성과 대우조선이 모두 투자의향이 있어서 걱정을 하지 않고 있다. 하동도 해양플랜트 전문가협의회에서 입주하기로 결정했기 때문에 큰 어려움 없이 될 것이라 생각한다.

신재생 에너지에 대한 홍 지사의 의지는 어떤가?

홍 지사 취임 이후 남부권인 거제, 고성, 통영, 남해는 신재생 에너지를 통해 미래의 먹거리를 만들어야 한다고 했다. 그래서 거제시와 통영시는 풍력 중심으로 신재생 에너지를 개발하고 있다. 특히 소매물도와 거제 장승포 앞바다는 해상풍력 발전소를 세우기 위해 타당성 용역이 진행 중이다. 그중에서 거제 지세포 위쪽은 상업성이 충분하여 민간이 투자하려고 한다.

홍준표 지사, 각 실국장들과 현안을 토론하는 김석기 경제통상본부장

경남 남부권 신재생 에너지 통해 미래 동력 만들 것

태양광은 어떤가?

태양광은 이명박 정부에서 추진하다가 지금은 주춤한 상태이

다. 현재는 함안에 고속도로 폐부지를 이용해 태양광 발전소를 만든 것 정도이다. 가장 중요한 것은 부지 문제인데 현재 부지가 없어서 하지 못하고 있다.

낙동강 고수부지를 활용해 태양광 발전소를 만든다는 아이디어도 있는데?

STX솔라에서 제의가 들어와 검토해 봤다. 그런데 낙동강 고수부지는 아무래도 홍수시 물의 흐름을 방해하기 때문에 문제가 있다는 게 경남도의 생각이다.

경남은행 민영화 문제는 어떻게 되어 가나?

경남은행은 경남도민의 성금으로 시작하였다가 IMF 때 공적자금을 투입하게 돼 현재는 정부가 70%의 지분을 소유하고 있는 국영 은행처럼 돼 있다. 우리금융 지주회사 소속으로 돼 있는데 정부는 올해 내에 민영화를 할 계획이다. 경남은행은 현재 연 1,000억 원 정도의 흑자가 나기 때문에 정부는 구매자가 있을 것이라고 생각하고 있다.

그럼 뭐가 문제가 되나?

경남은행 민영화에 대한 정부의 생각과 경남도의 생각이 다르다.

어떻게 다른가?

정부는 공적자금을 투입했기 때문에 은행 매입 가격이 높은 곳에 팔기를 원하고, 경남도는 경남도민에게 팔기를 원한다. 그런데 경남도민 중 현재까지 경남은행을 살 만한 재력을 가진 그룹이 나타나지 않고 있다.

경남은행, 경남인들 재원 마련 어려워 고심하고 있다

경남은행의 매각가는 얼마 정도로 추산되나?

약 1조 5,000억 원에서 1조 8,000억 원 정도 될 것으로 보고 있다.

지금 구매자는 있나?

구매자는 많다고 볼 수 있다. 가장 적극적으로 나서는 곳이 부산은행과 대구은행이다. 부산은행은 경남은행을 인수하면 경남지역의 지점들을 부산은행 간판으로 바꾸어 단다는 계획을 가지고 있는 것으로 파악하고 있다. 부산은행으로서는 엄청난 이익이 생기는 것이다. 대구은행도 마찬가지이다. 만약 경남은행이 부산은행으로 넘어간다면 경남지역 기업들로서는 피해가 크다는 게 경남도의 입장이다.

어째서 그런가?

지방 은행이 있을 경우와 그렇지 않을 경우 지역 기업들에 대출해 주는 비율이 약 10%포인트 차이가 난다는 게 연구 결과이다. 대구와 부산의 경우 그 지역 대출이 약 50~60%에 달하는데 일반 시중 은행의 경우 약 40% 내외밖에 되지 않는다. 즉, 지방 은행이 있어야 지방 중소기업들이 대출의 혜택을 받을 수 있다.

그럼 해결 방안이 무엇인가? 정부와 경남도 간에 견해 차이를 좁힐 수는 없나?

경남은행에 대한 공적자금은 약 4,000억 원 정도 투입이 됐다. 그런데 이 공적 자금 중에서 90% 정도는 회수가 됐다. 정부가 공적 자금을 투입해서 손해는 보지 않았다는 말이다. 그래서 홍 지사와 경남도는 정부가 손해를 보더라도 경남도민들이 경남은행을 매입할 수 있도록 해 달라고 노력을 할 것이다.

경남에서 진행하는 노력들은 어떤 것들이 있나?

2010년부터 창원 상공회의소 최충경 회장을 비롯해 도내 지역 상공회의소 회장들과 도의회 의장 등으로 경남은행 인수위원회가 구성돼 있다. 그러나 자금 마련이 어려워 사실상 유명무실하다. 1조 5,000억 원에 이르는 자금을 모으는 게 쉽지 않다. 또 산업자본의 경우 금융 기관의 주식을 15%밖에 살 수 없어 경영권을 행사하기 어렵다. 이런 점도 장애 요인으로 작용하고 있다.

올해 말까지는 경남은행 매각작업 완료 예상

앞으로 일정은 어떻게 되는가?

다음달 말쯤 공적자금위원회에서 구체적 로드맵이 작성될 것이다. 그리고 올 연말까지 매각작업이 완성될 수 있을 것으로 보고 있다.

도에서는 어떻게 대처할 것인가?

홍 지사가 적극적인 의지를 가지고 있기 때문에 어떻게든 경남도민들이 인수할 수 있도록 할 방침이다.

새로운 경제 정책 개발은 어떻게 하고 있나?

홍 지사가 워낙 적극적인 정책 아이디어들을 제시하고 있기 때문에 저 같은 경우는 홍 지사가 쏟아내는 정책에 대한 현안 챙기기도 바쁘다. 제 입장에서 새로운 정책을 만들어 낸다는 게 불가능할 정도로 홍 지사가 빠르게 움직이고 있다.

창원 제1부시장으로 부임하다

창원시는 2명의 부시장 체제로 운영되고 있었다. 제1부시장은 기획, 경제, 환경 등을 소관하고, 제2부시장은 도시, 건설, 해양 관련 업무를 맡았다. 나는 경상남도 기획관리실 사무관으로 첫 발령을 받아 21세기기획단, 마산시 기획경제국 기획경제국장, 남해안기획관으로 10여 년을 일해 왔다. 이어 거제시 부시장에 보임 받아 거제의 경제 발전을 위한 시정 활동에 주력해 왔다. 그런 시간들을 지나오며 어느덧 경남도의 경제통이 되었다고 스스로 자부할 수 있었다. 경제가 탄탄해야 도가 발전하고 시민의 삶이 행복해진다는 것은 두말할 필요가 없는 사실이다.

제1부시장으로 부임하면서 본격적으로 창원의 새로운 도약을 위한 기회를 만들고 그 기반을 다지기로 마음먹었다. 1980년대 이후 창원은 역동의 시간 속에서 괄목할 만한 성장을 이루었다. 1980년 인구 11만의 중소 공단 도시였던 창원은 1983년 도청 소재지가 되었다. 2004년에는 기업사랑운동을 펼쳤으며, 2006년 환경수도 프로젝트를 진행해 이듬해에 자전거 특별시가 되었다. 2010년 인구 109만 명에 4,109개 기업체가 입주하며 수출 237억 불을 달성하는 세계적 명품 도시로 올라섰다.

그중에서도 '기업사랑운동'은 전국적으로 퍼져 나갔으며, 대

창원 제1부시장 시절

한민국 대표 기업 지원 시책으로 인정을 받았다. 기업사랑운동
은 2010년 백과사전에 등재되는 영광을 누리기도 했다. 두산세
계대백과 사전을 보면 기업사랑운동이란 '2004년 창원시로부
터 시작된 기업친화운동'으로 정의돼 있다.

특히 2005년에는 민·관이 힘을 합쳐 기업의 사회적 책임(CSR)
강화에 나섰다. 산업자원부와 경제 5단체, 벤처기업협의회,
YMCA 등 경제·시민단체들이 '기업사랑협의회'를 열고 기업의
사회적 책임을 강화하기 위해 '민관CSR협의회'를 추진하기도
했다. 유럽연합(EU)도 이미 2002년부터 유럽무역연합과 기업단
체, 환경단체 등이 참여하는 CSR포럼을 만들어 CSR에 대한 정
보를 공유하고 CSR의 방향을 잡아가고 있었다. 이와 같은 국제

흐름에 맞춰 우리나라 기업들도 CSR 활동을 강화해야만 국제 사회에서 기업 경쟁력을 유지할 수 있었다.

이러한 추세에 힘입어 2005년에 '기업 기(氣) 살리기 원년'이 선포되었고, 2008년에는 '아이 러브 기업운동'이 추진되었으며 제1회 섬김이대상에서 '대통령상'을 수상하기도 했다.

시민의 행복을 위한 시정

창원 부시장에 부임하면서 내 시정 활동의 제1목표는 '창원 시민의 행복'이었다. 시민이 행복한 사회를 구현하려면 장기적 인 안목으로 경제 발전의 토대를 마련하는 데 총력을 기울이는 것이 첫째였다. 창원의 도전은 계속되어야 했다.

창원시는 창원이 지닌 자원과 잠재력을 활용해 균형발전 특 화 프로젝트를 기획했는데, 창원 스마트를 한국형 실리콘밸리 로, 마산 르네상스를 한국의 시드니로, 진해 블루오션을 선벨트 해양관광 허브로 만드는 원대한 목표에 도전한 것이다. '활력 있 는 경제 도시' '인재 중심 교육 도시' '일등 복지 도시' '매력 있는 문화 관광 도시' '녹색교통 환경 도시' '감동과 신뢰의 화합 도시' 구현을 위한 슬로건을 내걸고 도시의 품격을 업그레이드하기 위해 세부적인 대책 마련도 구상했다.

당시 창원시의 선결 과제는 산업적 기반 조성과 신성장 동력 창출, 그리고 도시 인프라 구축이었다. 이 3가지 과제가 이루어지면 '통합 창원시'는 장기 발전을 위한 토대가 마련되는 셈이었다.

먼저, 산업적 기반을 조성하는 데는 창원 국가산업단지 구조를 고도화하고 마산 자유무역지역 고도화 및 제2자유무역지역 조성, 일반산업단지를 조성하는 방안이 포함되었다. 신성장 동력을 창출하려면, 무엇보다 창원 연구개발 특구를 지정하는 일이 급선무였으며 부경 과학기술원 설립 및 로봇비즈니스벨트 조성, 그리고 LG연구단지 조성이 필요했다. 또한 도시 인프라 구축을 위해서는 누비자 시스템 구축, 창원 도시철도 건설, 마산 원도심 재생, 생태 하천 조성 등의 정책이 뒷받침되어야 했다.

이러한 창원의 비전과 발전 전략안은 2014년 4월 창원 차세대 지도자들 앞에서 강연의 요지가 되었다. '세계 속의 명품 도시를 향한 창원의 창조적 도전과 과제'라는 주제로 강연하면서 향후 창원을 이끌어 갈 지도자들에게 힘과 지혜를 모아 더욱 힘차게 도전하자고 강조했다.

의미 없는 시련은 없다. 통합 창원시가 아름드리 큰 나무로 성장하려면 각계각층의 시민들이 동참해 힘을 모아야 했다. 각자 다른 맛을 지닌 강물도 바다로 모이면 한 가지 맛이 되듯이, 창원이라는 큰 바다에서는 모두가 똑같은 것이다.

자매결연 30주년 기념 잭슨빌시 방문

2013년, 창원시와 미국 잭슨빌시 자매결연 30주년을 맞아 플로리다주의 잭슨빌시를 방문했다. 방문단은 창원시에서 5명, 상공회의소에서 4명, 모두 9명으로 구성되었다. 11월 10일부터 16일까지 5박 7일 일정의 방문을 통해 창원시와 잭슨빌시 간의 우호 증진을 통한 행정, 교육, 문화 등 각 분야에서 상호 교류를 다지는 계기가 되었다.

잭슨빌시는 인구 85만 명의 도시로, 미국 동남부 플로리다주에 위치해 사계절 내내 온화한 곳이었다. 플로리다주 최대의 상공업 도시로, 미국 제7대 대통령 앤드류 잭슨의 이름을 따서 잭슨빌시가 되었다.

첫날은 잭슨빌시 재향군인의 날 행사 퍼레이드에 참석했는데, 비록 이국땅이지만 자매결연을 맺은 도시에서 열린 뜻깊은 행사에 참여하게 되어 영광이었다. 재향군인의 날은 제1차 세

잭슨빌시 재향군인의 날 퍼레이드 행사

계대전에 참전했던 미군 병사들을 추모하기 위해 마련되었으나 지금은 미국이 과거 참전했던 모든 전쟁의 재향군인들을 기념하는 행사가 되었다. 국가를 위해 목숨을 바쳐 희생한 군인들의 넋을 기리며 재향군인들에게 존경과 감사의 마음을 표시함으로써 애국심을 고취하는 게 행사의 목적이었다. 퇴역 군인들에게는 국가 차원의 혜택이 제공되는데, 관공서 및 민간 기관 취업에 우선 지원할 수 있으며, 군복무증을 가진 모든 이에게 기념일 행사에 무료 또는 할인 혜택이 제공된다고 했다. 누구든 국가를 위해 봉사하도록 하는 사회적 풍토를 조성하는 일이 매우 중요함

을 새삼 느꼈다.

이어 타임즈 유니언센터에서 열린 자매결연 30주년 기념행사에 참석했다. 잭슨빌 시장, 전·현직 시의장 및 시의원, 유관기관의 기관장, 잭슨빌 한인회, 자매결연위원회 및 시 관계자 등 100여 명이 참석했다. 기념공연과 내빈 소개에 이어 시장이 환영사를 했고, 창원 시장의 영상 인사가 있었다. 답례사는 제1부시장인 내가 했다. 선물 교환과 축사에 이어 창원-잭슨빌 자매결연 30주년 히스토리를 담은 비디오 영상을 상영하는 등 다채

잭슨빌-창원 청소년 교류 협약서 체결

롭게 진행되었다. 지난 4월 창원시를 방문한 윌리엄 비숍 전 시의장을 비롯한 시 관계자들이 창원시의 환대에 감사하는 뜻으로 이번 행사를 준비했다고 했다.

11월 12일에는 잭슨빌 시청 및 시의회를 방문했다. 두 시를 대표해서 앨빈 브라운 시장과 내가 청소년 교류 협약서에 서명했다. 잭슨빌시의 환경 정책 및 창원시의 환경 수도 정책에 대한 의견을 교환했고, 공영자전거 '누비자'에 관심을 표명해 관련 내용을 상세히 설명해 주었다.

시청 및 시의회를 둘러보는 시간도 가졌다. 자매 도시에서 받은 선물을 시청 내에 전시하여 자매 도시의 교류 현황 및 문화와 특징을 한눈에 볼 수 있도록 하고 있었는데, 매우 인상적이었다. 우리 창원시도 청사 내 공간을 활용해 자매 도시 방문 기념품 전시 공간을 설치하는 방안을 검토하기로 했다.

시의회에는 시민 건의서 비치 및 발언대를 설치해 시민들의

잭슨빌시의회 방문

다양한 의견을 듣고 적극적으로 여론을 수렴하고 있었다. 시의
회 벽면에 잭슨빌시의 과거 모습이 담긴 사진 등 자료를 전시해
방문객과 시민들이 지역사를 공유하고 있는 점도 새롭게 와닿
았다.

앨빈 브라운 시장은 잭슨빌 최초의 흑인 시장으로 미국 흑
인 봉사 100인상을 수상한 분이었다. 클린턴 행정부 자문위원
을 역임했으며 잭슨빌시를 위해 적극적인 시정 활동을 펼치고
있었다. 윌리엄 비숍 시의장은 건축가이자 도시 계획 전문가
로서 잭슨빌 다운타운 마스터플랜을 구상했고, 교통국 자문위
원을 맡고 있었다. 김승권 자매 도시 위원장도 만나 많은 이야
기를 나누었다. 김 위원장은 2012년 제50회 군항제 축하를 위
해 창원시를 방문했었는데, 플로리다 한인연합회 이사장도 맡
고 있었다.

그런데 잭슨빌시 곳곳을 시찰하면서 한 가지 깊이 깨달은 점

이 있다. 시의 교통수단으로 설치된 모노레일이 운영되지 않고 방치돼 있어 물어보니 재정상 어려워 운영이 중단되었다고 했다. 시정 활동에서 가장 염두에 두어야 하는 것은 능률적인 행정이다. 미래를 길게 내다보지 못한 즉흥적인 정책으로 시민의 혈세가 낭비되는 일은 없어야 했다. 무엇보다 공공사업을 계획할 때는 정확한 수요를 파악하고 타당성을 조사하는 일이 얼마나 중요한지를 다시 한번 마음에 새기는 계기가 되었다.

그 밖에 잭슨빌에 본사를 둔 놀이기구 제작업체인 셀리코퍼레이션을 견학했다. 전 세계 놀이공원, 관광 명소, 박물관 등에 실내 3D 놀이기구를 납품하는 회사로 우리나라 서울랜드의 놀이기구 조립 및 설치를 담당하기도 했다고 한다.

노스플로리다 대학교(UNF) 방문

다음 일정으로 잭슨빌시 세인트존스 강변에 위치한 잭슨빌 항만공사를 방문했다. 미국 내 자동차 수출 1위 항만이자 매년 2,100만 톤의 화물을 처리하며 190억 달러의 수익을 올리는 컨테이너 수출입항만으로서 상위를 점하고 있는 곳이었다. 우리 방문단은 화물 선착장 세 곳과 크루즈 선착장 등을 둘러보았다.

이어서 창원시 관내 중학교와 청소년 교류 참여 학교인 줄리아 랭던 중학교를 방문해 원활한 청소년 교류 및 홈스테이 추진을 위한 사전 방문 및 교내 시설을 시찰했다. 그리고 창원시 관내 경남대학교와 자매결연을 맺은 노스플로리다 대학교(UNF)를 방문했는데, 특히 이 학교의 음악학부는 유명 재즈 음악인을 배출하여 세계적으로 이름이 나 있었다. 부총장님과 면담을 통해 UNF와 연계한 공무원 교육과 프로그램 개발을 검토하기로 결정했다.

모교 창원남중에서 강연하다

2013년 12월, 모교인 창원남중에서 '꿈과 희망'이라는 주제로 강연을 하게 되었다. 졸업한 지 어언 30여 년의 세월이 흘러 자랑스러운 선배로 초청을 받아 후배들 앞에 선 것이다. 어린 후

창원남중학교 현재 모습

배들의 초롱초롱한 눈망울을 마주하니 중학교 시절의 내 모습이 떠오르면서 만감이 교차했다. 가난했지만 정다웠던 친구들, 방황하며 겉돌던 내가 공부에 전념할 수 있도록 이끌어준 선생님들, 모두 다시 돌아갈 수 없는 그리운 시간들이었다. 인생의 전환점에 서 있는 청소년들에게 내가 살아온 이야기를 진솔하게 들려주어 그들이 꿈을 품고 도전할 수 있는 용기를 갖게 해주고 싶었다.

그 시절에 비하면 세상은 그야말로 '상전벽해'와 같이 많이 변했다. 먼저 창원시 시정을 보살피는 입장에서 창원의 역사를 짚고 넘어가지 않을 수 없었다. 1980년 인구 11만의 중소 공단도시로 출발해 2013년 인구수 대비 세계적 규모의 도시로 성장해 대한민국 지방 발전의 롤모델이 된 창원. 통합 창원시로 출범

한 후 3년 동안 통합시의 명칭이며 청사 위치, NC 신규 야구장 입지 문제로 갈등을 빚기도 했지만 지역 내 총생산이 무려 4조 4,998억 원이 증가했고, 기업체는 780개 사가 증가했으며, 근로자는 4,222명이 증가했다. 기업투자 유치 1,448건으로 전국 1위를 차지하며 가장 역동적인 도시로 평가되고 있음을 설명했다. 그리고 창원의 미래를 창조할 주역으로서 긍지를 가지고 마음껏 새로운 도전을 꿈꾸라고 말했다.

　농민의 아들로 태어나 가난을 일상으로 여기며 유년기를 보낸 이야기, 뒤늦게 철이 들게 했던 은사님의 귀한 조언들, 하루 2시간씩밖에 못 자며 공부하던 고시 준비 시절, 도청 사무관에서 창원시 부시장이 되기까지 공직자로서 성실하고 부단한 노력과 열정의 삶을 살아온 여정에 대해서도 진솔하게 이야기했다.

　청소년들이 꿈을 갖고 도전하기 위해서는 무엇보다 시간의 소중함을 깨닫는 것이 중요했다. 그래서 기회비용의 원칙에 대해서도 설명해 주었다. 기회비용이란, 어떤 선택을 할 때 포기해야 하는 다른 선택의 가치를 말한다. 예를 들면 2시간 동안 공부를 할 수도 있고, 친구들과 놀러 갈 수도 있다. 이때 공부를 하기로 선택했다면, 그 기회비용은 2시간 동안 친구들과 놀 수 있었던 가치이다. 즉, 공부를 하느라 포기한 것은 노는 것이라는 이야기다. 기회비용의 원칙은 경제학에서 매우 중요한 개념이다. 자원이 한정되어 있기 때문에 어떤 선택을 하면 다른 선택을 포기해야 한다는 것을 뜻한다. 따라서 무슨 일에든 항상 최선의 선택을 하는 것이 중요하다.

성공을 하려면 남다른 집념과 끈기, 노력이 필요하다는 것도 강조했다. 억만장자 400명 중 대다수가 처음 선택한 일자리가 신문배달원이었다. 남들이 따뜻한 잠자리에서 곤하게 자는 동안 그들은 신문배달을 하며 끈기를 체득하고 성공을 향한 꿈을 키웠다. 불우한 환경에서 자란 스티브 잡스가 애플을 창업하고 21세기의 아이콘이 된 것도 집념과 열정이 있었기 때문이었다. 삼성전자의 성공 신화를 쓴 이병철 회장과 '시련은 있어도 실패는 없다.'고 역설하며 도전정신으로 현대그룹을 일군 정주영 회장에 대해서도 들려주었다.

물론 그날 학생들 앞에서 한 이야기를 모두 기억할 수는 없다. 1만 시간의 법칙을 예로 노력의 중요성에 대해 설명했고, 친구들과의 우정이 평생 살아가는 데 큰 힘이 되므로 교우 관계에 힘쓰라고 당부하기도 했다. 그날 내가 궁극적으로 전하고 싶었던 메시지는 "큰 사람이 되어라, 큰 희망이 큰 사람을 만든다."였다.

마산 자유무역지역 노사민정 협약 체결

오늘날 기업 환경에서 노사 분쟁은 기업의 생존과 성장에 있어서 결코 간과할 수 없는 중요한 문제가 되었다. 노사 분쟁은 단순한 의견 대립에 그치지 않고 기업의 일상 업무 흐름을 방해하며 더 나아가 기업의 이미지에 큰 손상을 주기도 하기 때문이다. 노사 간에 상호신뢰와 적극적인 소통을 통해 분쟁이 없는 선진적인 노사 문화를 구축하는 것은 기업의 성공과 국가 성장 발전에도 기여하는 요인이 된다.

2013년 1월 23일, 마산 자유무역지역 노사민정 협약이 체결되었다. 마산 자유무역지역을 노사 분쟁이 없는 곳으로 특화해 새로운 이정표를 구축하려는 노력이 결실을 맺은 것이다. 창원시는 마산 자유무역지역을 노사 무분규 사업장의 성공적인 모델로 삼고자 심혈을 기울였다. 이날 협약식에는 한국소니전자, 한국성전, 한국태양유전, 한국중천전화사업, 한국일선, 삼양옵틱스, 한산스크류, 한국정상화성 등 8개 노사민정 대표사와 30여 명의 임직원이 참석해 분쟁 없는 사업장 조성을 위한 결의를 다졌다.

이번 노사민정 협약 체결은 2012년 12월 4일 박완수 창원 시장의 자유무역지역 현장 시찰이 발단이 되었다. 12월 26일 노사민정 간담회가 이루어지면서 각 대표들이 한자리에 모여 단체별 애로 사항이나 건의 사항에 대한 해결 방안을 종합한 최종 결과물을 도출하는 성과를 낸 것이다.

향후 마산 자유무역지역이 기업하기 좋은 환경으로 널리 알려져 우수기업을 유치하고 일자리를 재창출하게 되면 지역경제 활성화 회복에도 크게 기여하는 순기능을 톡톡히 하게 될 것이다. 또한 이를 국가산업단지, 일반산업단지, 기업체로 확산시켜 창원시가 기업하기 좋은 최고의 도시로 인정받게 되면 해외 유망 기업 유치도 더욱 활발해질 것이다.

소나무재선충병 방제에 나서다

2013년 여름은 유난히 더위가 심했다. 이상고온 현상이 계속되면서 가뭄이 들고 곳곳에서 소나무재선충병이 확산되어 피해가 이만저만이 아니었다. 11월 25일 시 간부회의에서 이 문제를 본격적으로 거론했다. 나는 정부에서도 예비비를 지원하고 있으니 다음해 4월까지 방제 작업을 마무리하라고 산림병해충 담당 부서인 산림녹지과 및 구청 안전녹지과에 지시했다.

11월 29일에는 직접 관내 의창구 북면 지계리 인근 등 두 지역의 소나무재선충병 방제 현장을 방문해 피해 상황을 눈으로 직접 확인했다. 그리고 방제 상황에 대한 보고와 함께 방제 사업 추진에 따른 애로 사항 등도 귀담아 들으며 담당자를 격려했다.

그리고 2014년 4월까지 소나무재선충병 피해 고사목을 완전히 제거하기 위해 소나무재선충병 완전 방제를 위한 대책회의를 열고, 시 예비비 3억 원을 확보해 방제 작업에 박차를 가하기로 했다. 소나무재선충병 확산을 방지하려면 무엇보다 소나무류의 무단 이동에 대한 시민들의 주의와 관심이 절대적으로 필요했다. 따라서 소나무류의 무단 이동 적발 시 최고 1년 이하의 징역 또는 1,000만 원 이하의 벌금을 부과하는 등 강력한 조치를 취하기로 방침을 세웠다.

물류센터 건립으로 도소매시장의 경쟁력을 높이다

그동안 창원시의 중소 유통 상인들은 지역 내 대규모 점포와 SSM(Super Supermarket, 기업형 대형 슈퍼마켓)의 진출에 따른 어려움을 겪고 있었다. 시에서는 중소 유통 상인들을 돕기 위해 2012년 6월 경남창원 생활용품 유통사업 협동조합과 중소유통 공동도매 물류센터 건립을 추진해 센터 운영에 관한 협약을 체결하고 실시 설계와 도시 계획 시설 결정 용역을 거쳐 본격적으로 사업에 착수했다.

2013년 9월에는 경남창원 중소유통 공동도매 물류센터의 신축 기공식을 가졌다. 의창구 팔용동 창원 농산물도매시장 옆에 새롭게 들어설 물류센터에 대해 시는 물론 상인들의 기대가 컸다. 공동도매 물류센터는 총사업비 98억 원(국비 60퍼센트, 지방비 30퍼센트, 자부담 10퍼센트)을 들여 부지 6,600㎡에 건축면적 3,414㎡(지상 2층, 지하 1층) 규모로 건립되었고, 물류 입출고장과 물류 창고, 냉동·냉장시설, 유통물류 정보화 시스템과 부대시설, 최신 장비를 갖추었다. 완공 시점에 맞춰 2014년 6월부터 운영에 들어갔다.

공동도매 물류센터가 가동되면 공동구매 등을 통해 원가를 8~13퍼센트 정도 낮출 수 있어 대형 마트에 대해 가격 경쟁력을 가지게 될 것이다. 동네 슈퍼마켓과 같은 중소 유통 상인들이 상품을 공동으로 주문, 보관, 배송함으로써 물류비용이 크게 절감되어 시민들도 보다 저렴한 가격으로 생활용품을 구매할 수 있게 되는 셈이다.

또한 지역의 중소 제조업, 도매, 소매(전통시장), 백화점이 함께 조합에 가입해 물류센터를 공동으로 운영하면 전국 최초의 모범 사례가 될 수도 있을 것이다. 시민 모두가 상생하는 정책, 그것이 바로 창원시가 적극적으로 펼쳐 나가야 할 시정 방침인 것이다.

소각장 폐열을 기업체에 공급하다

2013년 12월 4일에는 소각장에서 발생하는 폐열을 이용, 스팀을 생산해 인근 기업체에 공급하는 통관식이 창원 성산자원회수시설 현장에서 개최되었다. 지난 2011년 12월 착공해 2013년 7월에 준공된 성산자원회수시설 내 소각로 1호기가 대대적인 보수공사를 마침으로써, 당초 1일 584톤을 생산하던 스팀의 생산 능력이 개선돼 1일 654톤을 생산하기에 이르렀다. 그리고 1일 120톤의 추가 발생하는 잉여 스팀은 인근 기업체인 경남에너지, 영흥철강, 경남금속 등에 공급하기로 했다.

시에서는 스팀을 경남에너지에 일괄 판매했고, 경남에너지는 스팀 공급 배관 설치, 열 판매, 시설 유지 관리, 수요처 확보 등을 맡아 진행하는 방식으로 사업이 추진되었다.

이제 소각장은 혐오 시설이 아니라 에너지 생산 시설로 거듭나고 있다. 이 사업 추진으로 인해 연간 약 15억 6,000만 원의 경제적 수익과 약 4,000톤의 이산화탄소, 4,500만 원의 온실가스 저감액이 발생하게 되었다. 경제적인 효과는 물론 환경적인 효과도 크게 기대할 수 있으니 그야말로 일석이조의 사업인 것이다.

창원시는 이미 지난 2010년부터 관내 창원과 마산 2개 소각장에서 발생되는 폐열을 이용해 전기 및 스팀을 생산, 한전 및 관내 기업체인 삼성테크윈, LG창원 1, 2공장, 효성 등 4개소에 공급해 왔다. 2012년에는 전기 판매로 10억 9,000만 원, 스팀 판매로 19억 1,000만 원 등 연간 약 30억 원의 시 수익을 올리고 있었다. 이는 환경수도 창원에 걸맞은 저탄소 녹색성장 정책일 뿐만 아니라 기업체의 원가 절감으로 이어져 기업사랑운동 실천에 동참하는 성과까지 이루었다.

제5장

1인 3역을 맡다
(창원 시장 권한대행 시절)

새로운 여정, 시장 권한대행

2014년 2월 5일, 박완수 창원 시장이 도지사에 출마하면서 사퇴를 했다. 지방자치법에 따라 창원시는 2월 6일부터 제1부 시장 권한대행 체제에 돌입했다. 새로운 시장이 취임하는 6월 30일까지 시장 권한대행으로서 막중한 임무를 맡고 보니 어깨가 무거웠다. 일단 시장의 사퇴로 생긴 공백으로 인해 시정이 원활하게 돌아가는 데 문제가 없도록 하는 게 급선무였다. 그래서 시장 퇴임식 당일인 5일 오전 실장, 국장, 소장, 구청장, 공단·재단 이사장 등이 참석한 가운데 긴급 당면 현안사항 점검회의를 열고 간부 공무원을 비롯한 전 직원이 합심해 업무에 공백이 없도록 적극적이고 빈틈없이 임해 줄 것을 당부했다.

또한 6.4 전국 동시 지방선거를 4개월가량 남겨둔 시점에서 시민을 위해 법과 원칙에 입각해 직원 개개인이 흔들림 없는 선거 중립 자세를 견지해 줄 것을 최우선으로 주문했다. 이어 해빙기 재난 대비 안전 대책을 강구해 사전에 피해 발생을 최소화하고, 인접 밀양시에서 발생한 조류독감 방역과 소나무재선충 방제 등 당면한 현안 업무 추진에 만전을 기해 줄 것도 당부했다.

시장 권한대행으로 일하는 동안 시 곳곳을 돌아보고 살피며 나름대로 최선을 다했으나 지금 생각하면 이래저래 아쉬움이 남는다. 짧은 기간이었지만 할 일은 넘쳐났고, 무엇보다 대과 없이 무사히 소임을 마쳐야 했기 때문에 하루하루 긴장 속에 보낸 시간들이었다. 하지만 보다 중요한 자리에서 책임감을 가지고 일한 그 시기가 내가 걸어온 공복으로서의 여정에 큰 이정표가 된 것 또한 사실이다.

이제 시장 권한대행을 맡아 일하던 이야기를 적어보려 한다. 물론 그중에는 전에 추진해 오던 일이 임기 중에 결실을 맺은 경우도 있고, 사안에 따라 즉시 시행된 일도 있다. 성과를 낸 일도 있을 것이고, 시정 활동을 위한 정책적 비전들도 있을 것이다. 그것을 하나하나 되짚어 보며 다시 한번 그 열정과 노력에 스며들고 싶다.

시오노 나나미 〈로마인 이야기〉의 교훈

로마 제국은 멸망했다. 시오노 나나미는 저서 〈로마인 이야기〉에서 이를 로마라는 한 나라의 멸망이 아니라 '고대 로마 세계의 종언'이라고 표현한다. 〈로마인 이야기〉는 로마 제국의 흥망성쇠를 흥미진진하게 서술해 후속편이 나오기를 기다리게 했던 책이다.

로마인은 스파르타 사람에 비하면 체력 면에서 열등했고, 지적 능력은 아테네인보다 뒤처졌지만 출신 지역이나 신분보다 능력을 고려해 인재를 적절하게 배치함으로써 제국을 유지하고 운영했다. 특히 로마 제국은 통치 지역 전체에 도로를 건설하고 치안과 질서 유지에 힘썼다. 이로 인해 영토 확장과 인구 유입이 꾸준히 일어났다.

도시의 발전은 인구의 증가와 함께 이루어지는데 창원시 인구는 2012년 당시 108만 명으로 점점 감소 추세에 있었다. 인구는 정주인구와 생활인구로 나뉜다. 정주인구란, 인구 조사에서 가장 기본이 되는 인구 개념으로, 그 지역에 일시적으로 체류하는 사람은 제외되지만 일시적으로 부재중인 사람은 포함된다. 오늘날에는 정주인구를 기본으로 하는 전통적인 인구의 개념이 점차 변화하고 있다. 교통의 발달과 사람들의 라이프 스타일이 급변하면서 단지 주소지로서의 지역, 그리고 일터가 있는 지역, 소비와 여가를 즐기는 지역, 스포츠 등의 취미활동을 하는 지역 등 한 사람이 한 지역에서 모든 활동이 이루어지던 지역 개념은 이제 개인의 라이프 스타일과 여가 생활에 따라 활동 범위가 여러 지역으로 넓어져 가고 있다고 봐야 한다.

두 번째로 생활인구란, 출퇴근자, 통학자, 관광객 등 지역에 일정 시간을 체류하는 사람까지 그 지역의 인구로 보는 새로이 확장된 개념의 인구이다. 생활인구는 도시의 소비력과 활력을 판단할 때 막대한 영향을 주는 새로운 지표가 된다. 정부에서도 정책 시행에 있어 정주인구 개념이 아닌 생활인구에 초점을 맞춘다.

그래서 앞으로 창원시가 산업·물류뿐만 아니라 사람들의 활발한 이동으로 관광과 소비, 경제 활동의 중심이 되도록 하려면 정주인구가 아닌 생활인구적 관점에서 접근해야 한다. 이를 위해서는 창원 주위를 둘러싸고 있는 김해, 함안, 창녕, 고성 등과의 교통 인프라에 적극적으로 투자할 필요가 있다. 특히 김해와 창원을 연결하는 터널을 조기에 개통하는 것이 급선무이다.

미국의 경제 성장이 지속되고 있는 이유는 소비가 GDP의 70 퍼센트를 차지하기 때문이다. 평균 소득이 5만 불인 3억 5,000 만 명이 국내 소비로 경제 성장을 견인하고 있는 것이다. 창원도 터널을 개통하게 되면 생활인구의 유입이 수월해지고 창원 내 소비가 증가해서 도시 성장의 계기가 될 수 있다.

지방의 소멸 위기, 저출산, 고령화 문제에 대처하려면 개방적 이민 정책이 병행되어야 한다. 아직 많은 이견이 존재하고 있지만 일본의 경우, 부족한 간병 인력을 충당하기 위해 동남아시아 국가에 대한 비자 발급요건을 완화해 개방적이고 적극적으로

발급하고 있다. 우리나라 지방의 산업체와 농촌도 인력 부족을
겪는 건 마찬가지이다. 경제 발전과 더 나아가 국가 존속을 위해
서는 적극적인 비자 발급을 고려해야 할 것이다.

노인 일자리 사업 참여자 발대식

  사회적 약자와 소외 계층에 대한 관심과 배려가 내 시정 목표
였던 만큼 노인 일자리 창출은 중요한 현안이었다. 노인들이 일
자리를 통해 삶에 활기를 찾고 보람된 노년 생활을 영위할 수
있도록 행정기관에서 적극 나서야 하는 중요한 사회 문제이기
도 했다.
  2014년 2월 14일, 시청 시민홀에서 '창원 시니어클럽' 발대식
이 열렸다. 일자리 참여 노인 등 400여 명이 참석한 발대식에서
나는 인사말을 통해 일자리 사업이 노인들의 경륜을 환원할 수 있
는 계기가 되고, 아울러 다양한 사회적 유대관계로 삶의 질을 높
이는 데 도움이 될 것으로 기대한다며 안전과 건강을 당부했다.
  이어 일하는 노인 권리 선언, 2014년 노인 일자리 사업 소개,
학대 예방, 인권 보호를 주제로 한 소양 교육 등을 실시했다. 행
사를 통해 노인들이 자긍심과 소속감을 가질 수 있는 계기가 되

노인 일자리 사업 발대식 및 소양교육 (2014년 2월 14일)

기를 진심으로 바랐다.

창원 시니어클럽 발대식을 시작으로 21일에는 진해 시니어 클럽(관장 공상석)이 발대식을 가졌으며, 노인종합복지관 등 수행 기관에서 자체적으로 발대식을 열어 전반적인 사업 개요와 소양 교육 등을 시행하기로 했다.

노인 일자리 사업은 그해 11월까지 9개월 동안 65세 이상의 생활이 어려운 노인들에게 일자리를 제공했다. 소득 보충과 사회 참여 제공, 건강 증진 등으로 노인 문제를 예방하고 사회적 비용을 절감하는 것을 목표로 5개 구청과 노인 일자리 전담 기관인 창원 시니어클럽 등 18개 민간 기관에서 시행되었다. 창원 시에서는 2014년 총 95개 사업에 4,072명의 노인이 일자리 사업에 참여해 전년 대비 240여 명이 증가했다.

사업 추진 사항 점검

안전하고 편리한 도시 기반을 원활하게 조성하기 위해서는 시장 권한대행 체제 돌입 이후 자칫 느슨해지기 쉬운 사업 추진 사항을 세심하게 챙길 필요가 있었다. 그래서 창원시 관내 주요 현안 사업장을 일일이 찾아다니며 사업 추진 사항을 점검했다. 먼저 서항 부두에서 작업선을 타고 서항 지구 사업 현장을 둘러본 뒤 마산항, 가포신항 현장, 마산 해양신도시 건설 사업장, 창원 도시첨단산업단지 재조성 사업 현장 등을 차례로 방문해 추진 사항을 점검했다.

그리고 공사 관계자들로부터 관련 사항에 대해 보고를 받은 뒤 현장 근무자들의 노고를 격려했다. 시민 생활과 밀접한 기반 시설은 공사에 차질이 생길 경우 그 피해가 고스란히 시민들에게 돌아갈 수 있다. 이에 반드시 기한 내에 완공될 수 있도록 우선적인 지원과 함께 총력을 기울여 줄 것을 소관 부서장 및 공사 관계자들에게 주문했다.

또한 주변 시민들의 불편 사항이 없는지도 살펴보고 만약의 사고에 대비해 매뉴얼 정비 등을 철저히 하고 안전사고 예방에 만전을 기할 것을 강조했다. 특히 창원시 장기 발전에 이바지할 마산 해양신도시, 가포신항 지속 사업은 차질 없게 추진되어야 하므로 향후 분기별 현안 사업 추진 사항 보고회 등을 통해 지속적으로 사업 진행 상황을 점검하기로 했다.

상생 협력 강화 논의

  일자리 창출, 민생 경제 활력, 서민 생활 안정은 창원시의 친서민 3대 핵심 과제였다. 2014년 2월 28일 홍준표 경남 도지사가 창원시를 방문해 시청 시민홀에서 시의 현안에 대해 업무보고를 받은 뒤 도민과의 대화의 시간을 가졌다. 나는 창원이 더 큰 도시로 뻗어나갈 수 있도록 도에서 적극 지원해 줄 것을 요청했다. 특히 친서민 3대 핵심 과제 해결을 위해 도로 확장 포장 공사 등에 지원이 절실한 형편이었다.
  차상오 기획홍보실장은 시정 현안 보고를 통해 창원 국가산업단지 구조 고도화 등 7건의 '경남 미래 50년 전략 사업' 추진 상황을 설명하고 행정적·재정적 지원을 요청했다. 이 밖에도 해군 관사 진입 도로 개설, 마산 회원노인종합복지관 건립, 동읍 용산~합산 도로 확장 공사 등에 대해 도비 60억 원을 지원해 줄 것을 건의했다.
  홍준표 도지사는 이날 시청 프레스센터에서 출입기자들과 간담회를 갖고 이번 순방을 통해 경남도와 창원시의 상생 및 협력 강화를 위한 기반 마련을 위해 더욱 힘쓰겠다고 약속했다.

정부 6개 부처 릴레이 투어

2014년 3월에는 정부 6개 부처 릴레이 투어에 나섰다. 10일부터 11일까지 이틀간 서울과 세종시를 오가며 경남 미래 50년 전략 사업의 가속화를 위해 정책을 건의하고, 2015년도 국고 예산 확보 등 중앙 부처와의 공조 강화를 요청하기 위한 행보였다.

첫날인 10일에는 과천 정부 청사의 미래창조과학부를 방문했다. 연구개발 투자와 고급 연구인력 양성 인프라 부족으로 지역 산업 첨단화 지수가 지속적으로 하락하고 있는 실정을 알리고, 지역 산업의 새로운 동력 확보를 위해 R&D기술 고도화가 절실함을 역설했다. 또 경남 연구개발 특구를 지정해 줄 것을 건의하며, 부경 과학기술원 설립 방안이 국회에서 통과될 수 있도록 정책적인 지원을 부탁했다. 이후 미래창조과학부로부터 긍정적으로 검토하겠다는 답변을 받았다.

11일에는 세종시로 이동하여 국토교통부, 기획재정부, 산업

국고확보 대책 보고회

통상자원부, 문화체육관광부를 방문한 뒤 새로 취임한 이주영 해양수산부 장관을 만나 취임 축하 인사와 더불어 지역의 현안에 대해 논의했다. 국토교통부에는 통합 창원시 지역 간 접근성 개선을 위해 중점적으로 추진하고 있는 복암교 확장 사업, 도시 생활교통 혼잡도로 개선 사업 선정, 제2안민터널 건설과 국도 2호선(귀곡~행암 간) 대체 우회도로 개설 사업 등의 원활한 추진을 위해 국고 예산 지원을 건의했다.

기획재정부에는 창원시의 재정 운용 애로 사항 해소와 더불어 로봇비즈니스벨트 조성 사업을 국책 사업으로 선정해 줄 것을 요청했다.

이어 산업통상자원부를 방문해 창원시의 당면 현안과 지역

산업 경쟁력 확보를 위해 마산로봇랜드 국고 지원, 창원 국가산업단지 혁신대상 산업단지 지정 등 창원시의 육성 역량과 필요성을 강조하며 정부 차원의 지원을 호소했다. 그리고 2018년 세계사격선수권대회의 정부 지원 법적 근거를 마련하기 위해 문화체육관광부를 방문해 국제경기대회지원법이 상반기 중 개정될 수 있도록 건의했다.

특히 해양수산부 방문에서는 지역 국회의원인 이주영 의원이 해양수산부 장관으로 취임함에 따라 추진에 어려움을 겪고 있던 해양 개발 사업에 박차를 가하기 위해 마산 가포신항 조기 개장, 마산 해양신도시 건설 등 현안에 대해 긴밀히 협의했다. 또 우도에 친환경 해수욕장을 조성하는 문제, 진해 해상 음악분수 설치, 명동 마리나 방파제 설치, 해양레포츠 관람테크 설치, 연안 정비 사업 지원 등에 대해서도 국고 지원을 요청했다.

정부부처 릴레이 투어는 시정의 연속성과 주 동력을 확보하기 위해 마련한 자리였다. 앞으로도 국회와 중앙정부 등 인적 네트워크를 활용한 정책 공조를 위해 계속 노력해 나가기로 마음먹었다.

노후된 마산의료원을 새로 짓다

도립 공공의료기관인 마산의료원은 1972년에 건립되었다. 40년 가까운 세월을 지나오다 보니 시설이 노후되어 도민의 건강을 돌보는 도립 의료기관으로서의 역할을 감당하기 어려운 실정에 이르렀다. 또 의료 수요가 증가하면서 병상이 부족한데다 주차난 또한 심각해 신축이 불가피한 상황이었다.

2014년 3월 14일, 마침내 경남 마산의료원 본관과 기숙사 신축 기공식이 창원시 마산합포구에 위치한 기존 의료원 신축 현장에서 열렸다. 마산의료원 신축 건물은 지하 1층, 지상 5층 규모로 건립되며 본관은 2016년 8월에, 기숙사는 연내 준공을 목표로 착공되었다. 도민들이 신축 건물에서 보다 쾌적하고 안전한 의료 서비스를 받게 될 것을 생각하니 몹시 뿌듯했다.

신축 마산의료원 부지는 2009년 롯데그룹 신격호 회장이 무상 기부한 롯데 크리스탈호텔 부지와 인근 주택 30여 가구를 매입해 마련했는데, 부지 면적은 기존 마산의료원의 2배가 넘는 2만 448㎡였고, 병상수는 기존 231병상에서 300개로 늘어날 예정이었다. 또 신축 본관 공사가 끝나면 기존 의료원 건물을 철거하고 그 자리에 300면 규모의 주차장을 조성하기로 계획했다. 또한 3교대 근무자들의 생활 환경 개선을 위해 체력 단련실을

마산의료원 본관 신축 기공식 (2014년 3월 14일)

갖춘 1인 1실의 원룸식 기숙사 50실도 마련하기로 했다.

진영전기와 신설 투자 협약 체결

경제가 살아야 나라가 발전하고 국민의 삶 또한 풍요로워진
다. 기업의 발전이 일자리 창출과 지역 경제 활성화를 위한 최고
의 방법이므로 지역 경제를 살리고 지역 주민의 고용 창출을 위
해서는 관내 기업 유치에 적극 나설 수밖에 없다.

창원시는 기업 투자 환경 개선을 비롯한 각종 지원 시책 및

공동 협력 사업을 지속적으로 발굴 및 추진하고 있으며, 기업의 경영 활동을 적극 지원하고 지속적인 일자리 창출과 지역 투자를 확충하기 위해 노력하고 있다.

창원시 마산합포구 진북면 소재 진영전기㈜가 진북 산업단지에 신규 공장을 건립했다. 국내 자동차 기업과 오랜 기간 동반 성장해 온 외국계 투자 기업인 덴소코리아일렉트로닉스 등 신규 고객선을 확보함에 따라 생산 라인을 확대하기 위해 진북 산업단지 4,733㎡ 부지에 총 88억 5,100만 원을 투자해 건립되었으며, 40여 명의 신규 고용을 창출하기로 했다.

진영전기㈜는 자동차용 전기, 전자 부품을 생산하는 기업체

진영전기㈜ 신·증설 투자 유치 협약 체결 (2014년 3월 17일)

로, 내실 있는 경영과 적극적인 설비 투자로 진북농공단지에 2개, 인천 송도에 1개 등 국내공장 3개를 비롯하여 중국 문등시, 장가항시, 주해시에 각각 1개씩 3개의 공장을 보유하고 있다. 국내 자동차 3사(현대, 기아, 한국GM)와 일본 닛산, 도요타 등에 제품을 납품하는 우량 중소기업으로 2012년 5,000만 달러 수출탑을 수상하기도 했다.

창원시는 진영전기㈜와 신·증설 투자 협약을 체결하고 아낌없는 행정적·재정적 지원을 약속했다. 기업은 지역 사회 발전에 관심을 가져야 한다는 데 인식을 같이하고 지역 발전을 위해 상호 협력하기로 뜻을 모았다. 이번 공장 신설에 대한 투자 협약은 창원시의 적극적인 기업 유치 노력과 더불어 총 설비 투자의 12퍼센트 내에서 지원하는 시의 설비 투자 지원 정책이 이룬 결실이다.

마산 원도심권 부활을 위한 도시 재생 사업

1970~80년대 마산 자유무역지역과 한일합섬, 한국철강 등이 우리나라 수출과 산업을 주도하면서 마산은 전국 7대 도시로 부상했다. 하지만 1990년대 이후 지역 경제를 견인하던 대

기업들이 문을 닫거나 인근 도시로 이전해 가면서 마산 자유무역지역은 불황의 늪에서 헤어나지 못하게 된다. 급기야 2000년대에 들어서자 도시는 쇠락하고 말았다. 거리가 텅 비면서 하나둘 문을 닫는 가게들이 늘어났다. 한때 황금기를 이루었던 마산은 쇠퇴해 갔다. 이러한 마산 원도심권에 새바람이 분 것은 부림 창작공예촌을 시작으로 창동 예술촌이 들어서면서부터다.

부림 창작공예촌은 신탁 방식을 도입한 도시 재생 사례에 해당한다. 이미 2013년에 부림시장 A동 88개의 빈 점포를 임차한 뒤 리모델링하여 33개의 공간으로 재배치하고 공예 예술가들을 공개 모집해 문을 열었다. 지금은 전국의 자치단체에서 견학을 오고 있으며, 지역 주민과 학생들의 체험 공간으로 자리를 잡아가고 있다.

부림시장 상인들과 입주 작가들은 부림 공예촌이 활성화되면 부림시장이 예전의 명성을 되찾을 수도 있다는 기대를 품고 있다. 그래서 창작공예촌 옆에 새로 조성되는 고객 휴게·문화 공간의 공사를 빠른 시일 내에 완료해 부림시장을 찾는 시민들이 불편이 없도록 하라고 지시했다.

창동 예술촌도 마산 원도심권의 재생과 활성화를 위해 조성되었다. 한때 마산 상권을 좌우했던 창동 구 시민극장과 학문당 서점 주변이 창동 예술촌으로 거듭나면서 마산 원도심권에 부활의 불씨가 당겨진 셈이다. 창동은 특히 3.15 의거, 10.18 부마 민주항쟁 등 민주의 거리로도 유명하다. 특히 창동 예술촌은 마산 원도심권 재생을 위한 핵심 선도 사업으로 매우 의미있고 중요하며, 향후 마산 원도심 재생 사업의 성공 여부와 직결되어 있었다. 부림 창작공예촌을 시작으로 창동 예술촌, 오동동 문화광장 조성, 오동동 소리길 등 마산 원도심의 재생 사업 추진에 심혈을 기울여 나갔다. 지금의 창동 예술촌은 부산의 광복동 거리를 연상시키면서도 아기자기하게 꾸며져 많은 사람들이 즐겨 찾는 마산의 명물이 되었다.

창원 국가산업단지 40주년 기념 상징 조형물 건립

2014년은 창원 국가산업단지가 지정된 지 40주년을 맞이하는 뜻깊은 해였다. 이를 기념하기 위해 4월 2일 성산구 기업사랑공원에 상징 조형물을 건립했다. 창원대학교 예술대학 김홍규 교수가 제작한 이 상징물은 하트모양과 기계의 기본적인 요소인 공구를 형상화한 작품으로 창원의 기계산업과 기업사랑 도시의 이미지를 표현하고 있다.

개막식에는 최충경 창원 상공회의소 회장, 황석주 한국산업단지공단 동남지역본부장을 비롯해 시도의원, 기관단체장, 기업인, 근로자, 시민 등 200여 명이 참석해 40주년의 의미를 되새기고 창원의 무궁한 발전을 기원했다.

창원 국가산업단지가 세계적인 기계산업단지로 발전하기까지는 수많은 기업인과 근로자의 땀과 열정, 그리고 시민들의 애정 어린 관심이 있었다. 이 상징물은 세계적인 기계산업 중심으로 우뚝 선 창원 국가산업단지의 위상을 널리 알리고, 새로운 미래 50년을 향한 도전과 제2의 도약을 다짐하는 이정표가 될 것이다.

다음은 창원 국가산업단지 지정 40주년을 맞아 2014년 3월 18일 《내일신문》에 기고한 글로, 전문을 그대로 옮긴다.

창원 국가산업단지 지정 40주년

'한국 기계공업의 요람', 창원을 상징하는 닉네임이다. 창원의 자랑인 창원 국가산업단지에는 770만 평 규모에 2,400여 개 기업(근로자수 9만 4,000명)이 가동되고 있다.

우리나라는 1970년대에 가난하고 힘든 시절을 보냈다. 정부는 산업 근대화의 일환으로 기계산업을 중점 육성 산업으로 선정하였고, 기계산업은 성장목표를 달성하여 '국민 행복을 꿈꾸는 세계 10대 경제대국'의 토대 마련에 크게 기여했다. 그 중심에 창원 국가산업단지가 있었음은 두말할 나위 없다.

지난 1973년 9월, 정부의 중화학공업 육성정책에 의하여 창원 국가산업단지가 착수되었다. 다음해인 4월 1일, 창원 국가산업단지로 지정·고시와 함께 역사적인 태동을 했다. 올 4월이면 창원 국가산업단지가 마흔 해를 맞이하게 된다.

공자는 마흔 살을 '불혹(不惑)'이라 했다. 마흔은 인생에 있어서 지나온 과거를 돌아보고 미래를 준비하는 가장 중요한 시기이다. 올해 40주년을 맞은 창원 국가산업단지도 인생의 마흔처럼 지난

성과를 바탕으로 새로운 미래를 준비해야 할 시점에 와 있다.

불혹의 창원 국가산업단지, 새로운 미래 준비

창원은 당초 '생산규모 20억 불, 인구 20만 명 산업 도시 건설'이라는 목표로 국가산업단지가 착공되었다. 현재는 목표를 훨씬 넘는 인구 110만의 메가시티로 성장하여 무역수지 150억 불, 지역 내 총생산(GRDP) 303억 불 규모의 대한민국 성장 동력 일번지로 자리매김하고 있다.

강물은 굽이쳐 바다로 흐른다고 했던가. 창원의 이런 성장에는 수많은 어려움과 굴곡이 있었다. 1980년대에는 석유파동과 노사 관계 불안정으로 위기에 직면하기도 했다. 그러나 지역 기업인과 근로자들이 슬기롭게 극복하여 1990년대에는 산업단지로 고속 성장하였고, 2000년대에는 동남권 기계산업 클러스터를 구축하여 질적 성장을 이룩했다.

40주년을 맞은 지금 창원 국가산업단지는 또 한 번 거대한 변화의 흐름을 맞이하고 있다. 지난 40년간 국가 경제를 견인해 왔으나 시설과 장비의 노후화로 인해 여러 가지 구조적 문제점을 표출하고 있다. 산단 내 98퍼센트를 차지하는 2,340개 사의 중소기업은 대기업 중심의 수직 계열화 양상을 보이며 생산액과 수출액 비중은 여전히 대기업 중심 산업 구조를 보이고 있다. 기계산업 분야 성장률 감소와 맞물려 연구개발 투자는 부진하고 우수 연구 인력은 다른 지역으로 유출되는 등의 애로를 겪고 있다.

또한 국제 경제의 불확실성과 급변하는 세계 경제 환경으로 인해 기업의 수명이 급속도로 단축되는 추세이다. 미래에도 창원 국가산업단지의 지속적인 성장 동력 유지를 위해서는 표출된 문제들에 대한 방안들이 심도 있게 논의되어야 한다.

창원시는 창원 국가산업단지의 재도약을 위해 많은 노력을 하고 있다.

석간 **내일신문**

2014년 03월 18일 (화)
22면 오피니언

기고

창원국가산단 지정 40주년

'한국기계공업의 요람.' 창원을 상징하는 닉네임이다. 창원의 자랑인 창원국가산업단지에는 770만평 규모에 2400여개 기업(근로자수 9만4000명)이 가동되고 있다.

우리나라는 1970년대 가난하고 힘든 시절을 보냈다. 정부는 산업근대화의 일환으로 기계산업을 중점 육성산업으로 선정하였고, 기계산업은 성장목표를 달성하여 '국민행복을 꿈꾸는 세계 10대 경제대국'의 토대마련에 크게 기여하였다. 그 중심에 창원국가산단이 있었음은 두말할 나위 없다.

지난 1973년 9월 정부의 중화학 공업육성 정책에 의하여 창원국가산단이 착수되었다. 다음해인 4월 1일 창원국가산업단지로 지정·고시와 함께 역사적인 태동을 했다. 올 4월이면 창원국가산단이 마흔 해를 맞이하게 된다.

공자는 마흔을 불혹(不惑)이라 했다. 마흔은 인생에 있어서 지나온 과거를 돌아보고 미래를 준비하는 가장 중요한 시기이다. 올해 40주년을 맞은 창원국가산단도 인생의 마흔처럼 지난 성과를 바탕으로 새로운 미래를 준비해야 할 시점에 와 있다.

불혹의 창원국가산단 새로운 미래 준비

창원은 당초 '생활규모 20여만불, 인구 20만명 산업도시 건설' 이라는 목표로 국가산단이 착공되었다. 현재는 목표를 훨씬 넘는 인구 110만명 메가시티로 성장하여 무역수지 150억불, 지역내 총생산(GRDP) 303억불 규모의 대한민국 성장동력 일번지로 자리매김하고 있다.

강물은 굽이쳐 바다로 흐른다고 했듯이, 창원의 이런 성장에는 수많은 어려움과 굴곡이 있었다. 1980년대에는 석유파동과 노사관계 불안정으로 위기에 직면하기도 했다. 그러나 지역 기업인과 근로자들이 슬기롭게 극복하여 1990년대에는 산업단지로 고성장하였고, 2000년대에는 동남권 기계산업 클러스터를 구축하여 질적 성장을 이룩하였다.

40주년을 맞은 지금 창원국가산단은 또 한번 거대한 변화의 흐름을 맞이하고 있다. 지난 40년간 국가경제를 견인하여왔으나 시설과 장비의 노후화로 인해 여러 가지 구조적 문제점을 표출하고 있다. 산단 내 98%를 차지하는 2340개사의 중소기업은 대기업 중심의 수직 계열화 양상을 보이며, 생산액과 수출액 비중은 여전히 대기업 중심 산업구조 형태를 나타내고 있다. 기계산업분야 성장률 감소와 맞물려 연구개발 투자는 부진하고, 우수 연구인력은 다른 지역으로 유출되는 등 애로를 겪고 있다.

또한 국제경제의 불확실성과 급변하는 세계경제 환경으로 인해 기업수명이 급속도로 단축되는 추세다. 미래에도 창원국가산단의 지속적인 성장동력 유지를 위해서는 표출된 문제들에 대한 방안들이 심도있게 논의되어야 한다.

창원시는 창원국가산단 재도약을 위하여 많은 노력을 하고 있다. △민간R&D센터 건립 △근로자와 문화거리 조성 △에너지 자급화를 위한 스마트그리드 구축 △여성근로자 보육부담 감소를 위한 행복산단 진흥사업 △첨단산단 집적화단지 조성 △창원드림타운 건립 △융합기술 고도화사업 △용·복합집적단지 조성사업 등을 역점적으로 추진할 계획을 세워두고 있다.

구조고도화, 첨단화로 재도약

앞으로 창원국가산단은 고부가 가치 창출과 입주기업의 경쟁력강화를 통하여 미래 100년의 먹거리를 책임지는 신성장 동력산업의 거점으로 자리매김할 것이다.

40년 전 국가산단이 착공되기 전 누가 오늘의 발전된 창원을 예상하였겠는가? 나는 창원 원주민으로 10살 때 정든 집과 논밭을 떠났지만 지금 그 자리에는 세계일류기업인 LG전자가 자리하여 창원 발전에 기여하고 있다. 우리 모두의 노력으로 또 다른 40년 후 새로운 문화창조형 산단이 창조적 기업도시 창원의 명성을 지속시키고 있으리라 기대한다.

김석기
창원시장 권한대행
(제1부시장)

10.2 X 30.5 cm

창원 국가산업단지 지정 40주년 기념행사 추진상황보고회 (2014년 3월 4일)

△민간 R&D센터 건립 △근로자의 휴식과 문화거리 조성 △에너지 저감을 위한 스마트그리드 구축 △여성근로자 보육부담 감소를 위한 행복산단 진흥사업 △첨단산업 집적화단지 조성 △창원 드림타운 건립 △융합기술 고도화사업 △융·복합 집적단지 조성사업 등을 역점적으로 추진할 계획을 세워두고 있다.

구조 고도화, 첨단화로 재도약

앞으로 창원 국가산업단지는 고부가가치 창출과 입주기업의 경쟁력 강화를 통해 미래 100년의 먹거리를 책임지는 신성장 동력 산업의 거점으로 자리매김할 것이다.

40년 전 국가산업단지가 착공되기 전, 누가 오늘의 발전된 창원을 예상했겠는가? 나는 창원 원주민으로 열 살 때 정든 집과 논밭을 떠났지만 지금 그 자리에는 세계 일류기업인 LG전자가 자리해 창원 발전에 기여하고 있다. 우리 모두의 노력으로 또 다른 40년 후 새로운 문화창조형 산업단지가 창조적 기업도시 창원의 명성을 지속시키고 있으리라 기대한다.

효성 세계 최대 펌프 시험센터 준공

효성굿스프링스는 창원시의 대표 기업으로, 주로 발전소나 석유 정제 시설 등에 설치되는 산업용 펌프를 생산하는 효성 계열사이다. 1962년 5월 한영공업회사를 설립한 이래 창원 지역 경제 활성화에 크게 기여해 왔다. 2014년 4월 8일, 세계 최대 규모의 효성굿스프링스 펌프 시험센터 준공식에 참석했다. 준공식은 효성굿스프링스 창원공장에서 개최되었는데, 배종천 창원시의회 의장, 최충경 창원 상공회의소 회장, 조현준 효성 사장을 비롯한 임직원, 임용택 한국기계연구원장, 발전회사 및 석유화학업체 관계자 등 200여 명이 참석했다.

효성굿스프링스는 국내 최초 원자력 발전소용 펌프를 개발한 산업용 펌프 생산 전문기업이며, 국제 원자력 관련 인증 ASME 'N' 'NPT'를 취득하여 해외 원자력 발전소에 사용되는 고압 및 대형 펌프를 개발함으로써 국내 펌프 생산 물량의 70퍼센트를 해외로 수출하고 있다.

또한 '역삼투(Reverse Osmosis)' 방식 시스템을 개발해 해외 플랜트에 담수 설비를 수출하며, 정부의 신성장 동력 프로젝트 스마트 프로젝트(Smart Project) 과제의 일환인 신재생 담수 플랜트 개발 주관사로 선정돼 프로젝트를 성공적으로 완수하기도 했다.

효성굿스프링스 펌프 시험센터 준공식 (2014년 4월 8일)

이 세계 최대 규모의 시험센터는 앞으로 대형 고압 펌프의 소요 동력이 증가하는 트렌드를 반영해 펌프 시장을 주도하는 글로벌 기관으로 자리매김하게 될 것이다.

돝섬의 산책길 봄단장

마산합포구 소재 해상공원인 돝섬은 친환경적이면서 볼거리가 참 많은 섬이다. 창원 시민은 물론 외지 방문객들이 많이 찾는 곳으로 해마다 방문객이 늘고 있다. 봄을 맞아 돝섬을 새로 단장하는 공사를 벌였다. 돝섬 선착장에서 내려 서쪽 정상으로

돝섬 현장 점검 (2014년 4월 14일)

향하는 콘크리트 바닥 산책길을 친환경 황토로 포장하고 길 주변에 애기동백, 팬지 등 다양한 꽃 15만 본을 심는 작업에 착수했다. 이에 공사 현장을 둘러보며 공사 관계자들에게 도로 포장과 꽃길 조성 작업으로 관광객들이 불편을 겪거나 안전사고가 발생하지 않도록 특별히 신경을 써 달라고 당부했다.

농번기 농촌 일손돕기

해마다 봄철 농번기가 되면 농촌에서는 일손을 구하지 못해 애를 태운다. 바쁠 때는 '고양이 손이라도 빌린다.'는 말이 나올

농번기 농촌 일손돕기 (2014년 5월 15일)

정도로 일손이 달린다. 농부의 아들로 태어난 나는 지역 농가의 이러한 어려움을 누구보다 잘 알기에 바쁜 지역 농가를 돕기 위해 의창구 동읍 봉강마을 등 14개소의 농가에서 일손돕기에 나섰다. 관내 생활개선회, 농심회 등 농업인 단체 회원 85명과 창원시 농업기술센터 직원 50명이 일손돕기에 동참했다.

단감과 복숭아꽃 솎기 작업에 힘을 보탰는데, 농가는 부족한 일손을 지원받고 농업 분야에서 근무하는 직원들은 열악한 농촌 환경을 직접 체험하며 현장의 어려운 현실을 이해하는 좋은 기회가 되었다.

최근 농촌은 고령화와 일손 부족, 농산물 가격 하락 등으로 삼

중고를 겪고 있다. 농촌 일손돕기를 통해 적기 영농 추진과 범시민 동참 분위기를 조성해 나갔으면 하는 바람이다. 해마다 불안정한 농업 경제 현실에 많은 어려움을 겪고 있는 농업인들에게 앞으로 행복하고 풍요로운 농업·농촌을 함께 만들기 위해 최선을 다해 지원할 생각이다.

배수펌프장 가동 훈련

여름철이면 태풍 및 집중 호우 등 사전 재해 예방을 위해 조기 대응 태세를 확립하는 것이 무엇보다 중요하다. 팔용, 남천, 구항, 양덕, 용원 등 관내 5개 배수펌프장에서도 재해에 대응하기 위해 가동 훈련을 실시했다. 중요한 일인 만큼 직접 방문해 훈련 상황을 지켜보았다.

실제 배수펌프장 가동에 따른 전반적인 사항을 점검하고, 소방방재청에서 만든 국가재난관리시스템 훈련 매뉴얼에 따라 훈련을 실시해 가동 책임자의 현장 응소시간, 배수펌프장의 가동 상태 등을 확인하는 등 고장 및 정전 시 운영 대처 요령 숙지 여부 등을 점검하는 훈련이었다.

훈련 결과 나타난 문제점이나 지적 사항은 집중 호우 시기가

여름철 자연 재난 대비 배수펌프장 현장 점검 (2014년 6월)

다가오기 전까지 보수, 보강 정비를 완료하고 배수펌프장이 상시 가동 상태를 유지하도록 수시로 점검할 것을 당부했다.

배수펌프장 점검 및 정비를 잘해 왔더라도 가동 훈련을 통해 평소에 예기치 못한 상황에 대한 대처 능력을 키움으로써 자연 재난 대응 체계를 확립할 수 있었다. 다가올 여름철 자연 재난에 철저히 대비해 시민 불편을 해소하고 재산 피해를 최소화하도록 만전을 기하기로 했다.

베트남 다낭시 출장-상호 교류 활성화와 투자 협력 강화

2014년 6월 16일부터 21일까지 4박 6일 일정으로 베트남 다낭시를 방문했다. 국제 자매 도시인 베트남 다낭시와의 실질적 경제 교류를 통해 윈윈 방안을 모색하는 게 출장의 목적이었다. 세계 신흥 시장으로 성장 중인 베트남 시장을 개척할 필요성이 있었고, 양 시 간의 우호 증진으로 행정, 경제, 문화 등 다양한 분야의 상호 교류 활성화를 꾀하는 게 중요했다. 창원시에서 6명, 상공회의소에서 5명으로 모두 11명이 방문단에 참여했다.

다낭시는 호치민, 하노이, 하이퐁 다음으로 큰 도시로, 베트남 중부 및 떠이웅엔 지역의 경제·사회 중심지이기도 했다. 베트남 제3의 공항인 다낭 국제공항이 있고, 유네스코 세계문화유산과 유적지, 아름다운 해안, 다양한 관광 명소를 보유하고 있어 특히 많은 한국 관광객이 찾는 곳이다. 국가별 투자 규모는 대한민국이 1위이며, 2위는 영국, 3위가 싱가포르순이다. 미래 산업에 대한 관심과 요구가 커지면서 다낭시도 외국인 투자 확보에 총력을 기울이고 있다.

방문 첫날은 다낭 시청을 방문해 시장을 접견하고, 우호협력 교류 협약서를 체결했다. 그리고 8월에 개최되는 '2014 다낭시

창원의 자매 도시 베트남 다낭 방문 (2014년 6월 16일)

국제 투자무역관광전시회'에 우리 창원시가 참여하기로 하고, 홍보 부스 무상 제공 등의 편의를 제공하기로 약속받았다. 다낭시는 '2020 환경도시 건설 프로젝트'를 구상해 진행하고 있었는데, 자연 친화적인 산림과 시민 공간을 확보해 살기 좋은 도시 환경을 조성하고, 기후 변화 문제에 대응하기 위해 추진하는 프로젝트였다. 다낭시의 '2015 환경보호 플랜'과 창원시의 '환경수도 정책'을 공유했고, 2014년 UN 공공행정상을 수상한 창원시의 환경정책을 발표했다. 베트남 정부의 환경에 대한 관심이 높아지면서 다낭시가 추진하는 환경정책에 도움을 얻기 위해 우리 시의 모범 사례 발표를 요청했기 때문이다.

다낭시는 개발도상국에서 탈피하기 위해 최선의 노력을 다하

창원·다낭 우호협력 교류 협약서 체결 (2014년 6월 16일)

고 있었다. 도시의 5無, 3有 캠페인을 통해 사회통합과 발전을 도모했는데, 5無(퇴치, 없애기)는 도시 기준에 따라 가난, 거지, 마약, 강도, 사망 사고를 없애는 걸 의미하며, 3有란 거주주택, 일자리, 도시 문화생활을 갖추는 것을 가리킨다.

다낭시는 한국의 수출자유지역 사례를 본받아 수출 전용 공단을 만들었는데, 창원 상공회의소 최충경 회장단과 함께 공단을 방문해 현황을 시찰했다. 그리고 다낭 상공회의소를 방문해 우호협력 교류 협약서를 체결했고, 특히 기업 투자 유치 방안에 대해 협의했다. 이어 경제 관계 기관을 방문해 베트남 산업 현황 파악 및 우리 시와 관내 기업에 접목할 방안에 대해 알아보았다.

다낭 항구는 동서 경제 도로의 마지막 관문이자 태평양으로

창원·다낭 우호협력 교류 협약서 체결 (2014년 6월 16일)

나가는 거점이다. 그만큼 라오스, 태국, 미얀마, 베트남 중부에 이르기까지 개발 잠재력이 무한하며, 지역의 제품 수출입 항구 역할도 맡고 있어 향후 발전이 기대되는 지역이었다. 특히 외국 계 기업 유치를 위해 다양한 보조 정책과 인센티브를 제공해 투자 우대 정책을 실시하는 것이 인상적이었다. 투자 우대 정책의 내용을 보면, 기반 시설에 건설하는 투자, 주택 건설 프로젝트, 첨단 기술 연구에 대한 토지 임대료 전액 면제 등이었다. 기업 소득세율은 기본 15년간 10퍼센트이지만 소득이 있을 때부터 4년간 면제하고 다음 9년간 납부 세액의 50퍼센트를 감면해 주고 있었다.

그 밖에도 원스톱 서비스를 제공하고 출입국 절차를 간소화하며, 우수 인력 자원을 지원하고, 기업 설립 절차 등을 통해 해외 자본 유치에 총력을 기울이고 있었다. 현지에 진출한 한 한국 기업의 경우, 4년 만에 투자 금액 전액을 회수하고 향후 상당한 수익을 낼 것으로 기대된다는 보고를 듣고 인건비로 인해 어려움을 겪는 우리 시 관내 기업에 홍보하여 다낭시로의 진출 등의 기업 활성화 방안을 검토하기로 했다.

감봉 3월의 징계, 소청심사 통해 승소 이끌어

살다 보면 본의 아니게 봉변을 당할 때가 있다. 공직에 있으면서 절차를 무시하거나 편파적으로 업무를 처리한 적은 하늘을 두고 맹세코 한 번도 없다. 그런데도 처리 과정의 잘못을 이유로 감봉 3월의 징계를 받았다. 용기 있게 나서서 부당함을 항변함으로써 잘못을 바로잡을 수 있었지만 지금 생각해도 그때 일은 마음에서 삭이기가 쉽지 않다.

통합 창원시가 인구 100만이 넘으면서 시민들이 주택 문제로 어려움을 겪었다. 주택난 해소를 위해 북면 감계 지역에 1만 가구 이상이 거주할 수 있는 택지 조성을 추진하는 방안이 정해졌고, 이에 따라 감계 지역의 지구단위 계획이 수립되었다. 공동 주택 단지를 만들어 공동 주택을 계속 승인하고 건설에 착수했다. 그런데 현대 힐스테이트 4차 승인 신청이 들어와 담당 과장이 이를 대면으로 보고했고, 이어 관련 법령과 부서 협의 절차를 거쳐 제2부시장이 서명한 후 시장 권한대행인 내가 최종 전자 결재를 하여 공사를 진행했다.

2015년 4월, 국가인재개발원에서 장기교육을 받고 있을 때였다. 도 감사팀장이 전화를 걸어 공동 주택 승인이 잘못되었다는 이야기를 꺼내는 게 아닌가! 건축 허가 때 도지사 사전 승인 없이 위법한 주택건설 사업 계획을 승인했고, 생태면적률 완화기준 적용을 부당하게 했다는 것이다. 감사팀장이 사실 확인서에 서명을 요구했으나 도에서 주장하는 절차적 하자도 없거니와 생태율도 규정에 따라 제대로 산출하였기에 서명하는 것을 거부했다. 그해 7월, 도 인사위원회에서 이와 관련하여 일관성과 근거가 결여된 조치를 내렸다. 담당자와 담당 팀장은 훈계, 국장은 명퇴를 신청했다고 징계하지 않았으며, 담당 소관인 제2부시장은 시장 출마로 사퇴해 역시 징계하지 않았다. 그런데 시장 권한대행을 맡았던 나와 담당 과장에게는 감봉 3월의 징계가 내려졌다.

도 인사위원회의 징계 사유와 처분을 도저히 받아들일 수가 없었다. 그래서 도청 2급 공무원이 도지사를 상대로 소청심사를 제기했다. 물론 기각될 것이 분명했지만 소송 전치주의상 절차를 거쳐야 했기 때문에 신청한 것이다.

법원에서는 징계 사유 중 생태면적률 산정 위반 부분은 존재하지 않으며, 나머지 징계 사유인 도지사의 사전 승인을 받지 않았다는 부분도 주택건설 사업 계획 승인이 공익에 반한다거나 특정인에게 수익을 안겨주었다는 점을 인정할 자료가 없는 이상 그 위법의 정도가 약하다는 점을 이유로 원고승소 판결을 내렸다. 내가 적법한 절차를 거쳐 정당한 정책 결정을 했다는 것을 인정받은 것이었다.

사법 절차가 없었다면 열심히 매진해 온 공직 생활에 억울한 오점이 남을 뻔했다. 이 과정에서 마음고생을 많이 했지만 나 자신이 또 한 번 성장하는 계기가 되었다. 이 일을 겪으면서 앞으로는 행정 업무를 더욱 신중하게 처리하자는 각오를 다졌다.

5개월간의 1인 3역을 마치다

2014년 2월 5일 박완수 시장의 퇴임 이후 생각지도 못하게 창원 시정을 이끌게 되었는데, 같은 달 24일에는 조영파 제2부 시장마저 선거에 나서면서 시정 공백이 우려됐다. 시장을 비롯한 고위 간부 3명이 나누어서 처리하던 업무를 혼자서 도맡아야 했기 때문이다. 하루아침에 경남 인구의 3분의 1을 차지하는 110만 광역시급 도시의 수장이 되어 묵묵히 1인 3역의 강행군을 해왔다. 5개월은 짧다면 짧고 길다면 긴 시간이었다.

6월 30일, 마지막 간부회의를 주재하며 만감이 교차했다. 그동안 국장·소장을 비롯해 전 직원의 노고 덕분에 큰 대과 없이 소임을 마칠 수 있어서 참으로 감사하고 다행스러웠다.

세월호 희생자 합동 분향소 방문 (2014년 4월)

그해 4월 16일에 발생한 세월호 참사는 온 국민에게 지울 수 없는 상처를 남겼다. 무엇보다 시민의 생명과 재산 보호에 모든 행정력을 집중하고, 민선 6기 출범 준비에 만전을 기해 줄 것을 당부하며 회의를 마쳤다.

다시 제자리로 돌아가 '새 시대, 큰 창원'이라는 새로운 시정 목표에 맞춰 시민을 위한 봉사 행정으로 시민 복지 향상에 노력할 것을 다짐했다.

제6장

시민과 함께한 발자취(김해 부시장 시절)

중요한 건, 아이들에게 밥을 먹이는 일

도정(道政)이나 의정(議政) 활동은 큰 틀에서 보면 같은 목적을 지닌다. 무엇보다 제도와 법률이란 테두리 안에서 '국민을 위해 일한다.'라는 지향점은 같다. 그런 맥락에서 도정이나 의정 활동 등은 모두 국정(國政) 활동과 연관성을 갖는다고 볼 수 있다.

그러나 어떤 사항에 따라서는 갈등과 대립 등이 일어나기도 한다. 국민이 보기에 현실 정치 상황에서 이런 일은 빈번하게 발생하니, 그저 답답할 수밖에 없으리라 여긴다. 누군가는 "우리나라 정치는 이제 끝났어."라고 한탄을 한다. 그러나 마음의 문을 조금 열고 생각하면, 모든 건 바라보는 시선이나 생각하는 관점에 따라 달라진다. 혹자는 서로 시기하고 미워하는 반목 현상이라 여길 수도 있겠지만 사실은 그렇지 않은 경우도 많다. 그렇기 때문에 아직은 포기할 때가 아닌 것이다.

여전히 부족하고 답답한 상황이 발생하고 있지만 나는 이런 대립과 반목의 과정을 정치라는 도구를 활용해 '합의화'함으로써 국민의 삶이 조금씩 나아지는 길을 만드는 것이라고 여긴다. 여야(與野)를 비롯하여 국가 기관과 의회, 교육과 시민 단체 등이 각자 맡은 바 자리에서 그 소임을 다하기 때문에 발생하는 충돌인 것이다. 여기서 일어나는 생각의 차이를 어떻게 줄일 것인가는 '민주주의적 방식'에 따라야만 한다는 생각에 변함이 없다. 우리가 살아가는 이 지구상 그 어디에도 '모든 사람이 만족하는 완벽한 법과 정치, 제도적 장치는 없기' 때문이다. 다만 우리는 최선을 지향하며 나아갈 뿐인 것이다.

그럴 때마다 나는 1900년대에 활동했던 철학자 에리히 프롬 (Erich Fromm)의 말을 떠올린다. 어떤 일을 실행하거나 계획을 수립할 때, 생각보다 복잡한 상황에서 '본질 찾기'가 필요할 때면 꺼내 읽는 문장 가운데 하나다. "꽃을 사랑한다고 말하면서도 꽃에 물을 주는 것을 잊어버린 사람을 본다면, 우리는 그 사람이 꽃을 사랑한다고 믿지 않을 것이다. 사랑은 사랑하고 있는 자의 생명과 성장에 대한 우리의 적극적인 관심인 것이다."라는 에리히 프롬의 글은, 책임 있는 자리에 선 리더가 어떤 정책을 수립하고 펼칠 때 참고해야 할 금언이라 여긴다.

지난 2017년 6월부터 다음해 12월까지 나는 경상남도의회 사무처장을 맡고 있었다. 행정을 보듬는 자리에서 의정 활동을 올바르게 살피고 운영하는 책임을 맡은 것이다. 도의회 사무처장으로 일하는 동안 앞서 말한 "국민을 위한 일"을 추진하는 상황에서 도정과 의정이 대립하고, 때로는 해당 국책 사업과 관련하여 정부 기관의 의견이 달라 충돌하는 과정을 무수히 접했다. 결론적으로 말하면 그 모든 과정이 '국민을 위한 일'이라는 제 길을 찾아 진행되고는 한다. 여러 일 가운데 2017년 하반기 경남 무상 급식비 분담률과 관련한 "도의회와 경상남도, 교육청 사이의 현안 과제 추진"을 위한 과정이 기억에 남는다.

경상남도는 지난 2016년 2월 15일, 도지사와 18개 시장·군수가 모인 정책 회의에서 합의된 결과인 〈무상 급식 분담비율(교육청:도청:시군=5:4:1)〉을 그해는 물론이고 2017년에도 일관된 정책 기조로 유지해 왔다. 그러나 경상남도 교육감이 어떤 이유로 분담비율 변경의 필요성을 제안했고, 이미 3개 기관에서 합의한 결과와 다른 분담비율(3:3:4)을 언론에 배포했다. 이것은 지난 2017년 7월 21일 3개 기관 TF 합의서 ③항에 있는 "우리 3개 기관은 T/F에서 합의 도출된 결과를 수용한다."는 약속을 어기는 행동이었다. 도교육감의 행동은 기관별 합의체 상황을 어긴 것은 물론이고, 도의회를 무시한 행동이었다.

나는 "교육 현안은 특정 기관만의 문제가 아니라 자라나는 미래 세대를 위한 우리 모두의 일이라고 생각한다. 그래서 양 기관의 갈등을 해소하고, 도민을 위한 소통과 협치의 장을 마련해야 할 필요성"이 절실했다. 우선 박동식 도의회 의장이 무상 급식과 관련한 교육 현안 문제에 직접 나서야 할 필요가 있었다.

우리는 "도의회, 경상남도, 교육청 3개 기관이 참여하는 현안 과제 TF팀"을 조직하고 2017년 7월 27일 1차 회의를 시작으로

10월 27일까지 6차 회의를 개최하여 현안 과제를 심도 깊게 협의했다. 특히 무상 급식 동(洞) 지역 확대 방안에 대해서 기관별 합의 사항을 유지하면서 급식비 분담률에 관한 이견을 좁히기 위해 상당한 시간을 노력했다. '무상 급식'은 도민 전체의 관심사였고, 무엇보다 우리 아이들과 관련한 사항이기 때문에 철저하게 분석하고, 논의할 필요가 있었다. 그 결과 다각적인 노력을 통해 동 지역 중학교 무상 급식 전면 확대에 합의하는 성과를 이루어내기도 했다. 각자 처한 환경에 따라 이견을 보였지만, 회의를 계속하는 동안 경상남도와 도교육청 관계자 여러분의 적극적인 참여가 좋은 결실로 이어졌다. 특히 양 기관의 입장차가 큰 상황에서 적극적인 중재에 힘을 더한 천영기, 이규상 위원장에게 고마운 마음이 크다.

　무상 급식비 분담을 둘러싸고 지역 정치권은 입장이 달랐다. 여야 간 충돌 양상을 보이면서 회의장에서는 선거를 앞둔 '보여주기식' 아니냐는 고성도 이어졌다. 그런 상황들을 지켜보면서 도의회의 입장은 명확했다. 무상 급식의 본질은 "분담률이 아니었다. 동(洞) 지역 중학교 무상 급식을 확대하여 우리 아이들에게 밥을 먹이는 것이 핵심이었다." 어떤 정책과 일은 각자의 입장에서 유불리를 따져 행동에 옮기지만, 아이들과 관련한 문제만큼은 절대 그렇게 다루어서는 안 된다고 여긴다.

정치는 생물이라 각자의 생존을 위해 투쟁하는 과정을 거친다. 하지만 정치의 궁극적인 목표는 국민을 위해 일한다는 것임을 깨닫고, 그 준엄한 자리가 지닌 책임감을 느낄 수 있었다. 우리는 우리 스스로 이해하고 받아들이는 것을 바탕으로 변화한다. 그렇게 변화하는 것들이 모여 더 나은 세상이 만들어지는 것이라 믿는다.

문제와 해결책, 모두 현장에 답이 있다

영어사전에서 '레질리언스(resillience)'라는 단어를 찾아보면 '충격이나 부상 등에서의 탄력성'이라고 풀이되어 있다. 최근에는 심리학을 비롯해 간호학, 교육학, 사회학, 경제학 등에서도 '회복 탄력성'이라는 개념으로 폭넓게 사용되고 있다.

이 용어를 처음 사용한 사람은 미국의 심리학자 에미 워너(Emmy E. Werner)다. 1989년 처음 연구를 시작해 '인간에게는 심리적 혹은 정신적 충격 상황 이후, 위기에 처한 바로 그 이전으로 신속하게 돌아가는 능력'이 있음을 밝혀냈다. 그 후 세계 여러 나라에서 관련 연구가 이어졌고, 우리나라에서도 '회복 탄력성'을 주제로 한 책이 여러 권 출간되었다. 이로써 대중들에게

'회복 탄력성'의 중요성과 가치가 널리 확산되기에 이르렀다.

　회복 탄력성을 우리말로 멋스럽게 옮긴다면 '마음의 근력'이라고 할 수 있다. 나는 이 말이 우리 민족의 근성과 밀접한 관련이 있다고 생각한다. 과거로부터 현재까지 수없이 경험한 국난이나 위기의 상황마다 우리 국민들이 보여준 대처 능력은 세계인이 감동할 정도였다. 가까운 근현대사를 돌아봐도 그러하다. 35년간의 극악한 일제 강점기를 버텨냈고, 1945년 8.15 광복을 맞이한 나라를 위해 국민 모두 하나가 되었다. 광복의 기쁨도 잠시, 불과 몇 년 후 민족상잔의 비극인 한국 전쟁을 겪었지만, 우리 국민은 무너지지 않고 꿋꿋이 일어섰다. 전쟁 후 단기간에 이룬 재건과 '한강의 기적'이라 불리는 경제 성장은 물론이고, 전쟁을 경험한 그 어떤 나라에서도 우리나라처럼 민주주의가 빠르게 정착된 사례는 찾기 힘들 정도다. 특히 전 국민의 헌신적 노력으로 IMF 외환위기를 최단기간에 극복했고, 코로나19로 인한 팬데믹 상황에서도 우리의 위기 대처 능력은 선진국은 물론, 전 세계인의 부러움과 박수갈채를 받았다.

　나는 이 모든 결과가 바로 우리 국민들이 지닌 뛰어난 회복 탄력성 덕분이라고 생각한다. 고난과 위기에 처할 때마다 '한뜻'으로 뭉칠 수 있는 민족성은 세계 어느 나라에서도 찾아보기 힘든 강점이다.

지난 시절을 돌아보면 공직 생활의 경험 가운데 여러 시민들과 직접 만나는 활동을 통해서 우리 국민의 뛰어난 회복 탄력성을 실감할 때가 많았다. 1992년 행정고시 합격 후, 1997년 고향인 경남으로 내려와 경상남도 기획관실에서 지방 행정사무관으로 공직 생활을 시작했다. 그 후 여러 위치에서 국민을 섬기는 마음으로 일할 수 있는 기회를 얻었다. 타인을 위해, 우리 국민을 위해 일할 수 있다는 것은 다시 돌아봐도 소중하고 뜻깊은 시간이라 여긴다.

특히 2011년 거제시 부시장을 시작으로, 경남 경제통상본부장과 창원시 제1부시장, 경남 서부지역본부장과 경남도의회 사무처장 등을 역임하는 동안 '우리 국민을 위해 무엇을 할 것인가?'에 관한 공직자로서의 사명 의식이 더욱 견고해졌다. 그동안 경험한 공직의 자리를 쭉 나열한 것은 치적이나 공적을 드러내기 위함이 절대 아니다. 각각의 자리에서 맡은 의무와 책임이 국민을 위해 어떤 방식과 방향으로 이루어져야 하는지 체감할 수 있었기 때문이다. 부족한 사람을 더 나은 생각과 행동으로 "그 쓰임을 다하라."라고 명령한 분들이 바로 '국민'이라 여기기 때문이다.

지난 2021년 7월 1일 김해시 부시장으로 자리를 옮겼다. 나는 곧바로 시의 시급한 일이 무엇인지, 단기적 측면과 중장기적

김해시 읍면동 초도방문 진행 (2021년 7월 1일)

관점에서 어떤 일을 시행해야 하는지 파악했다. 그 후 제일 우선하여 찾은 곳이 바로 시민들이 사는 공간, 즉 삶의 현장이었다. 김해시 주촌면을 시작으로 내외동, 북부동 등 19개 읍면동 초도방문을 진행했다. 우리 행정의 최일선에 있는 읍면동 행정복지센터를 찾아서 현장 직원들의 이야기에 귀를 기울였다. 더운 날씨임에도 센터에 적지 않은 시민들도 함께 자리해 지역의 현안 등을 직접 대면해 듣는 시간을 가진 것이다.

간혹 윤태호 작가의 인기 웹툰을 드라마로 만든 〈미생〉의 한 장면을 떠올린다. 특히 여러 가지 예기치 못한 일이 발생하거나 계획 등을 수정할 때면 항상 "모든 문제 해결의 답은 현장에 있다.”라는 대사를 떠올린다. 나는 항상 미래는 지금 내가 하고 있는 생각과 행동에 의해 결정된다고 믿는 사람이다. 미래를 결정하는 것은 ‘미래라는 불특정한 시간’ 그 자체가 아니라 오늘 나의 생각과 행동인 것이다. 시민을 살피고, 국민을 섬기는 일도 그와 크게 다르지 않다.

5,000년 역사와 문화, 그 자체가 우리의 경쟁력이다

고대 로마의 시인 호라티우스(Horatius)의 아포리즘 가운데 ‘카르페 디엠(Carpe diem)’이라는 구절이 있다. 영화 〈죽은 시인의 사회〉를 통해 더욱 유명해진 이 말을 우리말로 옮기면 “지금 이 순간을 살라.”는 뜻이 담겨 있다. 영어식으로 표현하면 “현재를 잡아라(Seize the day).”라고 할 수 있는데, 중요한 것은 과거나 미래가 아닌, 바로 ‘지금’이라는 뜻이다.

이 말속에 담긴 의미는 여러 가지 메시지로 확장되고는 한다. 우선 ‘미래’라는 모호한 꿈, 혹은 계획에 사로잡히지 말고 ‘오늘’이라는 시간에 충실하라는 의미로, 행동경제학과 맞닿아 있기도 하다. 부질없는 생각보다 상상한 것을 바로 실행하라는 가치철학을 지닌 말이기도 하다. 호라티우스의 말처럼 중요한 건 바로 오늘이고, 그 다음이 내일이다. 지나간 과거에 얽매이는 것은 미련한 짓인지도 모른다.

하지만 과거가 현재나 미래보다 중요하게 각인되는 일이 있다. 그것은 바로 역사라는 흐름 속에서 이어온 것들, 그러니까 전통문화와 문화재 등을 포함한 고유의 문화유산과 관계될 때이다. 뉴스 브리핑을 통해 오는 12월 21일 함안체육관에서 〈가야 고분군 세계유산 등재 기념식〉이 개최된다는 보고를 받았다. 경상남도와 함안군이 공동주관하고 김해시·고성·창녕·합천군이 후원하는 행사는 "가야 세계유산 하나되어 새로운 번영을 꿈꾸다."라는 주제하에 진행된다. 행사에는 정부 및 문화재 관련 인사들과 지역 주민 등 수백 명이 참석할 것이라고 한다. 무엇보다 가야 고분군이 대한민국의 16번째 유네스코 세계유산에 등재된 것은 가슴 벅찬 일이다.

그리고 보니 지난 2021년 가을, 김해시 부시장으로 재임할 때 '가야사 복원 사업' 현장을 점검한 기억이 떠오른다. 문화관광 사업 소장과 가야사 복원과장, 수로왕릉 참봉 등 민간문화재 담당자들과 함께 관련 지역을 살피면서 현안 해결 방안 등을 모색했었다. 당시 나는 "내년 유네스코 세계문화유산 등재를 추진 중인 김해 대성동 고분군, 가야사 복원의 핵심인 〈가야역사문화환경정비사업(2단계)〉, 수로왕릉 등이 하나로 이어지는 가야역사

가야사 복원 사업 현장 점검 (2021년 10월 27일)

문화 벨트화 사업이 정상적으로 추진될 수 있도록 최선을 다하겠다."라고 밝혔다.

특히 "기존 사적지인 수로왕릉·수로왕비릉·봉황동 유적과 국립김해박물관을 연계하여 김해시의 관광 자원으로 육성할 수 있도록 추진하겠다."는 계획도 발표했다. 김해시 부시장 재임 기간 동안 나름 최선을 다했다고 생각하지만 그럼에도 부족한 부분은 있었을 것이다. 돌아보니 빈틈을 메우고, 부족한 부분은 채워 가면서 해당 사업을 관심 있게 확인하고 추진해 나갔다. 그날 답사를 통해 많은 전문가와 관계자들이 제안한 내용을 검토해 문화재 정책 수립 등에 반영한 것 또한 기억에 남는다.

대체로 피땀 흘린 노력은 좋은 결실을 맺는 법이다. 김해시를 비롯해 정부와 문화재 관련 전문가들의 수많은 노력 끝에 지난 2023년 9월 17일 사우디아라비아 리야드에서 개최된 〈제45차 세계유산위원회〉에서 '가야 고분군'을 유네스코 세계유산으로 등재한다고 최종 결정했다. 우리나라에서 16번째 유네스코 세계유산으로 등재된 '가야 고분군'은 한반도에 존재했던 가야 문명을 대표하는 유적이다. 이는 1~6세기 중엽에 걸쳐 영남과 호남 지역에 존재했던 7곳의 고분으로 구성된 연속유산이다. 7개 고분군은 '전북 남원 유곡리와 두락리 고분군·경북 고령군 지산동 고분군·경남 김해 대성동 고분군·경남 함안 말이산 고분군·경남 창녕 교동과 송현동 고분군·경남 고성 송학동 고분군·경남 합천 옥전 고분군'이다.

제45차 세계유산위원회는 '가야 고분군'을 등재하면서 "동아시아 고대 문명의 다양성을 보여주는 중요한 증거가 된다. 그와 동시에 탁월한 보편적 가치가 인정된다."라고 밝혔다. '가야 고분군'이 지난 2013년 세계유산 잠정목록에 등재된 이후 10년이란 세월이 흐른 뒤 얻은 값진 결실이다. K-POP을 비롯한 K-콘텐츠가 세계인의 주목을 받고 있는 상황에서 고대 가야의 고분이 세계문화유산으로 등재된 것은 실로 큰 의미가 있는 것이다.

우리나라의 수많은 유무형 자산 중에는 미래를 향한 것도 있고, 오늘날 세계의 주목을 받는 것도 있다. 그런 의미에서 본다면 오랜 세월 과거로부터 이어온 가야 고분군의 유네스코 세계 유산 등재는 "가장 오래되고 가치 있는 코리아 콘텐츠"인 셈이다. 수많은 미래 자산 가운데 5,000년 동안 유지해 온 우리의 역사와 문화는 그 자체로서 강한 경쟁력을 지닌다. 실로 위대한 일이라고 생각한다.

위기 상황에 처하면 알게 되는 것들

기업을 운영하는 자리에 있는 사람들과 국가 기관을 운용하는 위치에 있는 사람들의 공통점은 무엇일까? 우선 '책임감'을 들 수 있겠지만 '무엇을 위한 책임인가?'를 생각할 필요가 있다. 기업의 설립 목적에 관한 질문에 대부분 건전한 기업 경영을 통해 최대 이윤을 획득하는 것이라고 대답한다. 이런 생각은 고전적인 자본주의를 배경으로 나타난 기업목적일원설(企業目的一元說)에서 비롯한다. 기업의 목적을 기업가의 목적과 동일시했던 시대의 '기업의 목적'은 오늘날에 이르러 기업목적다원설(企業目的多元說)로 진화했고, 경제학자에 따라서는 기업의 목적이 이윤 획득이 아닌 고객 창출에 있다고 말하기도 한다. 즉, 기업의 목적이 유형의 자산인 '돈'에서 무형의 가치인 '사람'으로 바뀐 것이라고 생각한다. 물론 경우에 따라서는 여전히 기업의 설립과 운영 목적을 영리 추구에 둔 기업 또한 적지 않다.

그렇다면 국가 기관을 운용하는 사람들의 목적은 무엇일까? 주권을 지닌 국가의 생존과 번영을 성취하는 것에 있다. 좀 더 구체적으로 말하자면, 국가는 국민의 생명과 재산을 보호하기 위해 존재한다고 볼 수 있다. "국가의 최종 목적은 국가 구성원의 행복에 있다."라고 한 고대 그리스의 철학자 아리스토텔레스의 말에서도 국가의 존재 목적을 찾아볼 수 있다. 고대에서 현대에 이르기까지 국가의 존재와 운용 목적은 바로 '국민의 행복'에 있다는 것은 분명하다. 기업의 CEO와 한 국가를 책임지는 위치에 있는 사람의 역할을 비교하기란 어렵고, 또한 그럴 수도 없지만 한 가지 분명한 것은 '책임감 있는 자리에 있는 리더의 역할과 중요성'은 아무리 강조해도 지나치지 않다는 사실이다.

'국가론'을 이야기할 때 제일 먼저 떠오르는 인물이 플라톤이다. '국가란 무엇인가?'라는 고대 철학자가 던진 이 화두는 지금까지 사멸하지 않고 인류와 함께 공존하는 사상으로 이어져오고 있다. 나는 플라톤이 말한 국가론도 중요하지만, 키케로의 저서 『국가론』 속 문장 하나를 오래도록 품어 왔다. "조국은 친부모보다 더 많은 혜택을 부여했고, 더 오래된 부모이므로, 부모에게 바칠 감사함보다 조국에 바칠 감사함이 참으로 더 크다."라는 구절이다.

읽는 사람에 따라서는 국가를 향해 무조건적인 복종이나 감사함을 가져야 한다는 의미로 받아들여질 수도 있겠지만, 국민으로부터 그런 마음이 생겨날 수 있도록 국가는 그 책임을 다해야 한다는 '서릿발' 같은 말로 읽힌다. 좀 더 직접적으로 표현하자면 "국민의 생명과 안전을 지켜주지 못하는 국가는 존재할 수 없다."라는 말과 같다고 여긴다. 그러니 그런 자리에 있는 공직자라면, 크든 작든 자신이 맡은 소임을 다해야 함은 굳이 설명할 필요가 없을 것이다.

태평성대에 국가의 존재를 확인하는 경우는 드물지만, 위기나 재난 상황에서 국가의 존재와 역할은 극명하게 드러난다. 위기 상황 대처가 미흡하다거나, 올바른 판단 없이 실행된 일의 결과는 국민의 준엄한 심판을 받기 때문이다. 과거와 달리 SNS 등 소셜 커뮤니케이션이 발달한 현재는 더욱더 그러하다. 거제시 부시장을 시작으로 창원시 제1부시장을 거쳐, 김해시 부시장으로 재임하는 동안 가장 많이 신경 쓴 부분도 '안전'이었다고 할 수 있다. 그렇기 때문에 장마철 홍수 피해 방지를 위해 사전에 살피거나 혹한기 등과 관련해 시민의 삶을 가까이에서 파악하려고 노력해 왔다. 안전의 중요성은 아무리 강조해도 지나치지 않는 주제인 만큼 시민들의 삶의 현장을 지속적으로

김해 지역 조류인플루엔자 방역 상황 점검 (2021년 11월 8일)

살피는 일은 더없이 중요하다. 그러나 인간의 힘으로 어찌하지 못하는 상황에 직면할 때면, 안타까움에 온종일 마음이 무겁던 기억도 있다.

국내에서 고병원성 '조류인플루엔자(AI)'가 처음 검출된 시점은 아마 2004년 무렵이었을 것이다. 발생 당시에는 큰 혼란 없이 사태가 진정되었으나, 바이러스가 진화를 거듭해 2014년 1월 전북 고창군과 부안군에서 조류인플루엔자가 발생했을 때, 정부는 사상 최초로 이동중지 명령인 '스탠드스틸(Standstill)'을 발령했을 정도였다. 시간이 지나면서 대응 방법이 나올 것이라

예상했지만, 조류인플루엔자는 여전히 우리의 삶을 위협하는 질병 가운데 하나다. 김해시 부시장 재임 기간 동안 겨울이 다가오기 전, 반드시 조류인플루엔자 방역 상황을 직접 점검했다. 현재 우리가 할 수 있는 일은 선제적이고 체계적인 방역 조치를 통해 바이러스의 유입을 방지하는 것이 우선이기 때문이다.

2021년 겨울, 충남 천안 지역에서 야생 조류를 정밀 검사한 결과 HSN1형 고병원성 조류인플루엔자가 검출되었다. 그 후 전북 부안으로 잇따라 확산되는 시점에 김해시 또한 긴장의 끈을 놓을 수가 없었다. 김해시 담당자 및 현장 전문가들과 함께 거점 소독 시설인 김해 축산종합방역소와 철새 도래지인 화포천 습지생태공원, 산란계 농가, 축산 차량 소독 점검 등 안전을 위해 즉각적인 사전 조치를 취했다.

선제적 방역 조치를 하고 돌아오는 길에 문득 '위기 상황에 처하면 알게 되는 것들'이 떠올랐다. 사람이 하는 일에는 빈틈도 있고, 오랫동안 고민하고 결정한 일이 뜻대로 풀리지 않아 안타까울 때도 적지 않다. 그럴 때마다 위기 상황에 처하면 알게 되는 것에 관해 생각한다. 자칫하면 단 한 번의 실수로도 시민들의 삶이 고통에 빠진다는 사실을 잘 알기 때문이다.

1441일! 코로나19와 맞선 대한민국의 우분투

　예상하지 못한 위기 상황에 놓일 때, 선제적으로 대처하는 방법은 사람마다 다르다. 마찬가지로 세계 각국도 그 나라의 시스템에 따라 가장 효과적인 방식을 선택해서 실행한다. 그렇기 때문에 어떤 선택을 두고 '무엇이 옳고 그르다.'라고 쉽게 단정할 수 없다. 하지만 전 세계 모든 국가가 "국민의 생명과 안전을 지킨다."라는 단 한 가지 목적을 위해 최선을 다한다는 사실만은 분명한 공통점이다.

　아프리카 반트족이 사용하는 언어 중에 '우분투(Ubuntu)'라는 말이 있다. 우리말로 해석하면 "당신이 있기 때문에 내가 있습니다."라는 공동체 정신, '인류애'로 풀이할 수 있다. 누구나 그렇듯이 가장 힘겨운 순간 떠오르는 얼굴이 '바로 지금 당신이 사랑하는 사람'이라고 말할 수 있다. 우리는 모두 그렇게 사랑하는 사람을 위해 최선을 다해야 한다고 늘 생각한다. 어떤 위치에 있든, 무슨 역할을 하든, 공직자들이 섬겨야 할 대상은 바로 "국민"이다. 우분투는 노벨평화상 수상자이면서 남아프리카공화국 대통령이었던 넬슨 만델라가 자주 사용하던 말이었다. 만델라는 인종 차별에 맞서고, 평화를 존중하며, 자유를 위해 자신의 삶을 기꺼이 내놓았다. 나는 어려운 순간이 있을 때마다 우분투 정신을 실천한 넬슨 만델라를 떠올린다.

1441일! 전 세계를 팬데믹에 빠뜨린 코로나19와 맞선 시간은 길고 험난했다. 여전히 그 여파가 남아 있기는 하지만, 이전의 평온한 삶과 일상을 되찾기까지 전 세계인이 겪은 고충은 이루 말할 수 없다. 국내에서 첫 확진자가 발생한 날은 2020년 1월 20일이었고, 2024년 1월 1일이면 전국의 선별진료소 506개소가 문을 닫을 것이다. 지난 12월 15일, 코로나19 중앙사고수습본부는 〈코로나19 위기단계 유지 및 대응체계 개편안〉을 발표했다. 2024년 1월 1일부터 시행되는 개편안을 기준으로 보면, 4년 넘는 기간 동안 코로나19와 맞서 싸워야 했고, 그 기간을 숫자로 환산하면 1441일에 해당한다.

결론부터 말하자면 나는 코로나19와 맞서 싸운 대한민국 국민이 더없이 자랑스럽다. 자신의 이익을 희생하면서 위기 상황을 극복하려고 노력하는 것은 '오직 우리 국민만이 할 수 있는 일'이었다고 자부심을 가져도 좋을 것이다. "당신이 있기 때문에 내가 있습니다."라는 우분투 정신을 우리 국민만큼 제대로 실천한 사례가 또 있을까 싶다. 1441일, 코로나19로 인한 팬데믹 기간 동안 도심 어느 곳에서도 타인의 공간을 침범하여 물건을 약탈하는 등 폭력적인 행태가 단 한 건도 없을 정도였으니, 그것만으로도 국민들께 존경과 감사의 마음을 전하고 싶다.

앞서 비슷한 이야기를 했지만, 우리나라 사람들은 고난과 위기에 강한 민족성을 지녔다. 전 세계인이 부러움에 찬 시선으로 우리의 코로나19 위기 대처 상황을 보도한 것은 지난 세월 동안 우리 국민이 만들어 온 수많은 기적 때문이라 여긴다. 마치 인간의 몸속에 있는 DNA처럼, 우리 국민은 수천 년 동안 위기와 고난을 극복하는 유전자를 지니고 있었는지도 모른다. 기적이란 행운처럼 나타나기도 하지만, 반복적인 어떤 과정을 통해 이루어지기도 한다. 즉, 어떤 의식이나 행동의 반복이 기적을 낳는다고 할 수 있다. 그러한 반복은 어떤 상황에 처할 때 '에너지를 한곳에 집중'해 최선의 결과를 얻는 가장 좋은 방법이기도 하다.

김해시 부시장이 된 것은 2021년 7월 1일이다. 코로나가 한창 기승을 부리던 시기였고, 언제 끝날지 모를 길고 긴 싸움으로 인해 모두가 지쳐 있던 때였다. 희망의 불빛도 없는 좁고 어두운 긴 터널을 지나는 듯하다고 말하는 사람들이 적지 않았다. '과연 우리는 이전의 일상으로 되돌아갈 수 있을까?'라는 자조 섞인 탄식이 가득했고, 시민들과 기업의 경제 상황은 저점을 모른 채 나락으로 곤두박질치고 있었다. 매일 아침을 코로나19 상황을 보고 받는 것으로 시작했고, 밤마다 팬데믹에서 빠져나올 시간을 기다리면서 잠들고는 했다.

어느 날, 항상 묵묵하고 든든하게 곁을 지켜주는 아내가 이런 말을 들려주었다.

"사랑은 무엇을 받을 것인가를 고민하는 게 아니라더군요. 오직 당신이 무엇을 주고 싶어 하는지를 떠올려 보면 어떨까요? 사랑은 줄 수밖에 없는 마음의 움직임이라고 하니, 조금만 평온한 마음으로 그렇게 해보세요. 몸에 힘을 조금만 빼고, 생각도 너무 깊게 하지 말고 움직여 보세요. 정말로 운이 좋으면 그 사랑을 되돌려 받는 순간이 온다고 하니까요. 시민 여러분께서도 정부와 시가 최선을 다하고 있음을 아시고 있을 거예요. 그분들도 당신을 향해 무언가를 건네고 있을지도 모르잖아요."

외국인 밀집 지역 코로나 확산 방지 캠페인
(2021년 8월 5일)

내가 하는 일을 누군가에게 드러내, 그것의 대가를 바라고 행동한 적이 단 한 번도 없다. 그런 삶을 살아왔으니 하루하루 고된 나날이었을지도 모른다. 아내는 코로나19 상황에 지쳐 있던 내게 힘이 되어 주었고, 나는 그 에너지로 다시 동료들과 함께 '한 번 더' 해보자

외국인 밀집 지역 코로나 확산 방지 캠페인 (2021년 8월 5일)

고 마음을 다잡기도 했다. 사랑은 확인하는 것이 아니라 그 사람을 위해 나아가는 것! 시정을 책임진 공직자로서 할 수 있는 건, 시민들을 지킬 수 있도록 기도하는 마음으로 최선을 다하는 것이 아니었을까. 위로와 격려, 용기와 희망은 일방통행이 아니라 양방향으로 흘러야 한다는 생각에 마음이 조금 평온해졌다.

　그 다음날부터 나부터 힘을 내자고, 그래야만 에너지가 동료 공직자들에게 전달된다고, 그런 에너지를 모아 시민을 향해 힘차게 나아가자고 출근길에 굳게 다짐했다.

　김해시가 〈코로나 상생 국민지원금 전담TF〉를 구성해 적극적인 운영에 들어간다고 발표한 것은 2021년 8월 16일이다. 정부는 5차 재난지원금 명목으로 〈코로나 상생 국민지원금〉을 신속하고 정확하게 실행하라고 전국 각 지자체에 전달했다. 김해시 전담TF는 운영팀과 지급결정팀, 인력관리팀으로 조직을 구성하고, 내가 단장으로 그 책임을 맡았다. 정부의 세부 계획이 발표된 후 김해시는 신속하고 정확하게 국민지원금이 지급될 수 있도록 만전을 기했다. 자체적으로 세부 계획을 수립하느라 밤을 지새우기도 했고, 19개 읍면동에 접수창구와 콜센터를 설치해 시민들에게 차질 없이 집행될 수 있도록 움직였다.

또한 코로나19가 일상에서 완전하게 사라질 때까지 시민들의 활동 공간을 수시로 점검했다. 많은 시민들이 자주 방문하는 대형 마트는 물론이고, 소규모 점포와 편의점 등도 방역에 빈틈이 없도록 만전을 기했다. 담당자들과 함께 수시로 현장 상황을 직접 살폈으며, 특히 관내 요양 병원과 복지관 등 취약 시설을 찾아 추가 접종 상황을 확인하고, 시민의 안전을 위해 접종률 제고를 독려했다. 또한 의료 현장에서 피땀 흘려가며 최선을 다하는 의료진을 만나 그분들의 심정을 들어주며 당면 과제를 최우선으로 조치할 수 있도록 힘썼다.

무엇보다 취약 계층을 면밀히 살피도록 당부했으며, 동료 공직자들은 물론이고 특히 김해 시민들에게 항상 고마운 마음이

들었다. 시민들은 자신의 안전뿐만 아니라 이웃들의 상황을 살피고 보듬어 기나긴 코로나19에 대처하면서 앞으로 나아갔다. 그런 시간과 노력이 모여서 마침내 1441일 만에 '다시 우리의 일상'을 되찾을 수 있게 된 것이다. "당신이 있기 때문에 내가 있습니다."라는 우분투 정신을 실천해 위기를 극복할 수 있었던 것은 바로 우리 국민 여러분 덕분이다. 또한 국민들 곁에서 최선을 다해 아낌없는 노력을 다한 동료들도 평생 잊지 못할 것이다.

우리 모두는 하나, 국제도시 김해를 꿈꾸다

인류가 처음 국수를 만들어 먹은 시기는 기원전 3,000년쯤으로 거슬러 올라간다. 중국 신장 지역에 살던 사람들이 밀을 이용해서 요리해 먹은 것이 최초의 국수였다고 전해진다. 예로부터 '서역'으로 알려진 신장은 중국 영토의 약 10%를 차지하는 광활한 자치구다. 1949년 중국 인민 해방군이 주도인 우루무치에 진주하기 시작하면서 중국령이 되었다. 현재 신장 지역 사람들은 중국에서의 독립을 추구하지만, 여전히 그 꿈은 쉽게 이루어지지 않고 있다. 신장 웨이우얼 자치구는 중국령에 속하지만, 중국과 섞이지 않는 여러 지역 가운데 하나로 자신들만의 삶을 살아가고 있다.

세계 지도를 살펴보면 신장은 몽골, 러시아, 카자흐스탄, 키르기스스탄, 타지키스탄, 아프가니스탄, 파키스탄, 인도 등 8개 나라와 5,600km에 달하는 국경을 접하고 있다. 지리적 특성만 봐도 그들의 파란만장한 역사가 쉽게 느껴진다. 흥미로운 점은 최초의 국수가 신장 지역에서 만들어졌지만, 그것을 만든 사람들은 중국인이나 동양인이 아닌 유럽인이었던 것으로 추측한다. 아마 국경 지역에 여러 나라가 인접해 있다 보니, 아주 오래전 유럽인이 신장에 밀을 갖고 들어와 재배한 뒤 국수를 만들어 먹었을 것이다. 인류 최초의 국수는 그렇게 신장에서 시작됐고, 지금은 전 세계 나라에서 자신들만의 레시피로 다양한 국수 요리를 즐기고 있다. 누군가는 오랜 역사를 통해 세계화를 상징하는 대표적인 것이 바로 '국수'라고 말하기도 한다.

'세계화'라는 개념의 기원은 언제부터일까? 학자들에 따라 의견이 분분한데, 이매뉴얼 월러스틴(Immanuel Wallerstein)은 1500년대쯤이라고 말하고, 앤서니 기든스(Anthony Giddens)는 1800년대에서 그 기원을 찾는다. 다양한 의견 가운데 통상적인 세계화는 제2차 세계대전 이후에 본격화되었다고 사람들은 말한다. 특히 세계화라는 개념이 활발하게 사용된 것은 1970년대 이후부터였다. 그즈음 우리나라는 가난에서 벗어나기 위해 많은 노력을 기울일 시기였고, 1963년~1979년까지 독일에 광부와 간호사를 보내기도 했다.

2014년에 개봉한 윤제균 감독의 영화 〈국제시장〉에는 파독 광부와 간호사들의 애환이 담겨 있다. 영화 속 주인공의 눈에 비친 과거와 현재는 여러 가지 생각을 하게 만든다. 황정민 배우가 연기한 주인공 덕수는 파독 광부로 돈을 모아 국제시장에서 작은 가게를 얻어 생활을 유지한다. 인생의 여러 고비를 넘어 노년이 된 덕수가 어느 날 외국인 노동자를 괴롭히는 젊은이들을 보고 화를 내는 장면이 있다. 파독 광부 출신으로 '타향살이의 고단함'을 누구보다 잘 아는 그로서는 외국인 노동자를 조롱하고 괴롭히는 모습을 보고 참을 수 없었던 것이다.

세계화라는 말속에는 여러 가지 가치가 담겨 있다. 누군가는 그런 개념에 찬성하고 누군가는 반대하기도 한다. 하지만 이제 세계화는 지구촌 어디에서든 일상적으로 마주하게 되는 현상이자 현실이 되었다. 통계청에 따르면, 우리나라에 살고 있는 외국인 수는 240만여 명에 달하고, 그 가운데 외국인 근로자는 대략 52만여 명이다. 언제부터인가 우리 삶 가까이에서 생활하고 있는 외국인들을 보면 여러 가지 생각이 든다. 특히 김해시 행정을 맡고 있다 보니, 그들을 위한 다양한 사업을 추진할 때 '어떻게 하면 더 좋은 관계'를 이어갈 수 있을지 고민하게 된다. 세계화

가야 글로벌센터 개소식 행사 (2022년 10월 23일)

의 물결 속에 그들도 엄연히 우리의 이웃이기 때문이다.

  김해시는 지난 2022년 10월 23일, 외국인 주민 정착 및 화합을 위한 공간을 개소했다. 글로벌 커뮤니티 공간으로서의 역할을 할 '가야 글로벌센터'를 열고 본격적인 운영을 시작했다. 이날 개소식에는 주인공인 외국인 주민들을 비롯해 100여 명의 내외 귀빈 등이 참석했다. 가야 글로벌센터는 행정안전부로부터 사업비를 지원받고, 지역 인사의 후원금 등을 바탕으로 설립할 수 있었다. 이를 통해 외국인 주민들이 쉽게 찾아와서 상담하고, 다양한 교육 프로그램을 이용할 수 있게 된 것이다. 무엇보다 고국을 떠나 머나먼 타국에서 삶의 터전을 가꾸는 외국인 주민들이 타인이 아닌 이웃으로 우리와 함께 어울려 생활하는 구

2023 외국인 주민 다(多) 어울림 축제 행사 (2023월 10월 29일)

성원임을 느낄 수 있었다.

또한 김해시는 지난 2023년 10월 29일 김해 외국인 노동자 지원센터 주관으로 〈2023 외국인 주민 다(多) 어울림 축제〉를 개최하기도 했다. 홍태용 김해 시장이 깊은 관심을 기울여 축제를 지원토록 했는데, 올해로 11회째를 이어오고 있다. 단 하룻동안 펼쳐진 축제지만 인도네시아 전통 공연과 외국인 주민들의 K-POP 가요제, 국가별 단체전 등을 통해 즐거운 어울림의 시간을 가졌다.

우리나라에 거주하는 외국인들은 단지 노동을 하기 위해 우리 곁에 존재하는 사람들이 아니다. 과거 우리의 어려웠던 시절을 떠올려 보면, 그들에게 어떤 마음 자세로 대해야 할지 금방

답이 나온다. 어느덧 그들은 우리 사회의 구성원인 동시에 가까운 이웃이 되었다. 진정한 '어울림'의 가치와 의미를 확장해 나갈 때 김해시는 글로벌 국제도시로 성장할 것이라 여긴다.

김해시 부시장으로 재임하던 기간 중에 다른 나라와 관계를 맺고, 양국 간 협력을 통해 서로의 이익을 추구한 경험이 있다. 특히 국내 최초로 지자체가 운영하는 공립 언어 박물관인 '김해 한글박물관'을 동아시아 지역에 알리기 위한 활동을 펼친 것이나, '2024 김해 방문의 해'를 선포하고 세계 여러 나라에 김해시가 지닌 문화와 가치를 알리기 위해 노력한 일, 그리고 김해시가 유럽에 이어 동아시아 지역에 이르기까지 국제 교류를 확대하기 위해 활발한 활동을 펼친 것은 오래도록 기억에 남을 것이다.

한글박물관 관람

지난 2023년 9월 말에는 김해시 대표단을 조직해 국제 자매 도시인 일본 후쿠오카현 무나카타시를 방문했다. '2024 김해 방문의 해'를 맞아 김해시가 추진 중인 사업을 홍보했고, 지난 2016년 이후 7년 만에 국제 교류 확대를 재개하자는 방침을 나누었다. 세계 여러 나라와 관계를 맺고, 올바른 외교 활동을 통

일본 무나카타시 미아레축제 참가 (2023년 10월 1일)

해 김해시의 문화와 가치를 널리 알리는 일은 공직자의 중요한 역할 가운데 하나라고 할 수 있다. 누군가는 외교를 '경제 전쟁의 첫 자리', '안보 위협의 전선'이라고도 말한다. 그 말속에는 외교 활동의 걸음걸음이 얼마나 묵직한 것인가 하는 의미가 담겨 있다. 여기에 한 마디 덧붙이자면, 문화 교류 활동 역시 외교의

중요한 축이면서, 국가 간의 불화가 있는 지점을 순화시키는 가치가 있다고 말하고 싶다. 여전히 힘겨운 국제 정세 속에서 어떤 행동이 옳은 것인가를 생각하면 뛰어난 외교 수완을 발휘한 '서희 선생과 키신저'가 제일 먼저 떠오른다.

섬김의 훈장, 김해시 최우수기관 선정

'열정'이라는 영어 단어 'passion(패션)'은 고통을 뜻하는 라틴어 'passus(파수스)'에서 파생했다. 열정을 지닌 사람들은 그만큼의 고통을 이겨내야 하고, 그러한 과정을 거쳐 좋은 결실을 맺는다. 지금은 많이 희석되었지만, '공무원' 하면 열정이 없다는 이미지를 떠올리는 사람들이 적지 않았다. 아마도 그렇게 보일 수밖에 없는 것 중에는 '공직자의 업무 대부분이 규정'에 따라야만 하는 이유도 있으리라 여긴다. 원칙과 기준에 따라 일하다 보면, 예외를 둘 수 없는 경우가 적지 않다. 하지만 지난 세월을 돌아보면 대부분의 동료 공직자들은 자신이 맡은 소임에 열정을 다해 임했다.

공직자인 우리가 하는 일은 평온한 시절보다 위기 상황에서 본래 품었던 생각이나 행동이 드러나게 된다. 여름철 집중 호우

기간이나, 겨울철 혹한기가 찾아오면 공직자들은 평소보다 바빠진다. 자신이 맡은 본래 업무 외에 시민들의 안전을 살피는 일이 더해지기 때문이다. 어떨 때는 시민의 안전이 공직자 개인의 일보다 우선할 때도 적지 않다.

똑같은 일을 하고 있는 가까운 지인과 차를 마실 때가 있다. 그는 매일 아침 출근하면서 옷을 챙겨 입을 때, '갑옷'을 입는 기분이라고 한다. 비상 시기에는 더욱 그런 마음이 강해진다고 하기에 나 역시 비슷한 생각을 오래전부터 해왔다고 말하며 함께 웃은 기억이 난다. 우리가 매일 출근하는 곳이 전쟁터는 아니지만, 시민을 대상으로 하는 일은 여러 가지 변수가 작용해 몸과 마음을 지치게 하는 경우가 있다. 특히 앞서 말한 장마철과 혹한기에는 갑옷의 무게감이 더욱 커진다.

공직자를 바라보는 시민들의 반응도 평상시와 재난 대비 상황일 때 극명하게 다르다. 대부분 따뜻한 감사 인사를 건네기도 하고, 때로는 돕겠다고 적극 나서는 분들도 적지 않다. 그러한 시민들의 따스한 인정 덕분에 힘든 상황도 툭툭 털어가면서 일하는 것이라 여긴다. 시민들로부터 받는 칭찬과 감사 인사는 언제나 우리에게 힘을 주기 때문이다. 그리고 우리가 힘을 내어 일할 수 있게 하는 또다른 원동력이 있다. 흔히 "칭찬은 고래도 춤추게 한다."고 말하는데, 우리에게 더 큰 힘이 되는 것은 '시민들의 인정과 지지하는 마음'이라고 할 수 있다. 그러한 인정과 지지가 공직자로 하여금 시민을 위해 더욱 열정을 품고 일하게 만든다. 시민들이 보여주는 지지와 인정은 보다 나은 결과를 낳는 순기능을 하기도 한다.

　김해시는 2023년 2월 14일 행정안전부와 국민권익위원회가 공동 주관한 〈2022년 민원 서비스 종합평가〉에서 최우수 등급인 '가'를 받았다. 두 부처에서 주관한 종합평가는 전국 306개 기관을 대상으로 시행된다. 2021년 9월부터 2022년 8월까지 추진한 민원 서비스 운영 실적을 평가하는데, 주요 평가 항목은 '민원행정 전략 및 체계, 민원제도 운영(법정민원), 국민신문고 민원처리, 고충 민원처리, 민원 만족도' 등 5개 항목으로, 종합점수에 따라 5개 등급(가~마)을 부여한다. 김해시는 '민원행정 전략 및 체계와 국민신문고 민원처리 평가 분야'에서 1위를 차지했다. 또한 민원 만족도 항목에서도 상당히 높은 점수를 얻었다. 특히 '사회적 배려 대상자를 위한 민원 서비스와 민원담당자 보호, 민원행정 및 제도개선, 고충민원 만족도' 등에서의 점수가 높았다.

　종합평가 최우수기관으로 선정되었다는 소식을 들었을 때, 함께 일하는 동료 공직자는 "민원 서비스 수준 향상을 위해 모든 공직자가 함께 노력한 결과이지만, 무엇보다 우리가 하는

김해 시청 전경

일을 인정하고 지지해 준 시민 여러분들 덕분"이라고 고마워했
다. 그의 말속에서 우리가 시민을 위해 어떤 마음 자세로, 무엇
을 행동으로 옮겨야 하는지 찾을 수 있었다. 시민들을 섬기는
일에 모자람이 없었다는 결과로 받은 최우수기관 선정은 시민
들이 우리에게 달아준 훈장이라 할 수 있다. 나는 매일 아침 시
민 여러분이 있는 삶 속으로 묵직하고도 든든한 '갑옷'을 입고
출근한다.

미래의 비전, 주민 스스로 찍은 마침표

"빨리 가려면 혼자 가고, 멀리 가려면 함께 가라."는 말이 있다. 기업을 운영하든, 국가의 책무를 지고 도시 행정을 꾸리든 이 말이 지닌 의미가 꼭 들어맞는다. 시민의 행복을 책임지는 자리에 있다 보면, 어떤 사업을 추진하고 시행할 때마다 과연 '행복이란 무엇인가?'를 생각할 수밖에 없다. 모든 사람을 100% 만족시키는 사업이란 불가능하기 때문이다.

그렇다면 다수의 시민들이 체감할 수 있는 행복감이란 무엇인가? 나는 행복이 균형과 질서, 리듬과 조화에서 비롯된다고 여긴다. 우리가 살아가는 세상은 무조건 나 혼자 잘산다고 행복할 수 있는 것은 아니다. 나와 이웃, 지역과 사회, 더 나아가 국가의 모든 시스템이 균형과 질서를 유지해 삶의 리듬과 생활의 조화가 이루어져야 하기 때문이다.

지방의 도시 행정은 구도심과 신도심을 균형감 있게 운용하는 것에서 시작한다. 시민들의 공간은 '지금 현재'라는 시점에서 생활을 유지하지만, 과거와 미래를 연결해 새로운 무언가를 만들어 낼 때도 있기 때문이다. 현재는 과거와 미래를 잇는 다리이기 때문에 오늘 계획하고 결정한 사항에 신중을 기할 수밖에 없다.

2022년 7월 7일은 공직자로서 뜻깊은 날이었다. 김해시가 열정을 갖고 추진한 〈김해시 제1호 도시 재생 사업〉이 7년이란 대장정 끝에 마침표를 찍은 날이기 때문이다. 우리 시는 지난 2016년 6월부터 국비와 지방비 등 총 467억 원을 투입해 11개의 세부 사업을 진행했다. 김해시의 원도심 도시 재생 사업은 동상·회현·부원동 구도심 쇠퇴 지역을 활성화하기 위해 추진되었다. 2015년 국토교통부가 도시 재생 사업 대상지를 선정한 이후부터 김해시는 꽤 오랜 시간 시민들과 함께 이 사업을 추진해 왔다. 그동안 우리는 지역 주민의 공동체 회복과 함께 원도심 재생 거점 시설인 회현연가, 남산별곡, 다어울림센터, 분성광장, 김해청년다옴, 동상동 월드 누들 문화관 등을 조성했다. 또한 푸른마을 골목 가꾸기, 원도심 안내 정보 체계 구축, 주민 역량 강화 등 다양한 사업들을 병행해 나갔다.

김해시가 중점을 두고 추진한 지향점은 지속 가능한 마을 재생의 비즈니스 모델을 만드는 것이었다. 중앙정부나 지자체가 끊임없이 지원해야 하는 형태가 아니라, 지역 주민들 스스로 성장할 수 있는 기반을 조성하는 것이 더욱 미래 지향적이기 때문이다. 고기를 잡아주기보다 고기 잡는 법을 알려줘야 하는 것처럼 말이다.

예를 들면, 김해시 가야의 길에 조성한 회현연가는 청년 셰프들이 만든 음식을 맛보고 체험할 수 있는 공간 사업으로 추진했다. 회현연가는 지역 주민들이 자발적으로 〈회현연가 협동조합〉을 설립해 청년과 난치병 아동을 둔 부모, 지역 주민들을 위해 일자리를 제공했다. 특히 회현연가의 수익금 일부를 다시 사회에 환원하는 등 지역 사회 공헌 부문에서도 좋은 비즈니스 모델이 되었다. 이러한 결과로 MBN과 전국시장군수구청장협의회에서 주관하는 〈2021년 대한민국 좋은 정책대회〉에서 최우수상을 수상하는 쾌거를 이루기도 했다.

또한 김해시 부원동 호계로에 조성한 남산별곡은 '지역 역사를 스토리'로 개발해 김해 스토리 커피를 제조·판매하는 동시에 카페 운영과 바리스타 교육 등을 진행했다. 이곳 역시 〈남산별곡 사회적협동조합〉을 운영 중이다. 김해 스토리 커피는 관내 자활지역센터에서 운영하고 있는 이든카페에 지속적으로 제품을 납품하고 있으며, 김해 관광 상품으로 자리매김하기 위해 온·오프라인 판매 등의 다양화를 추진하고 있다. 또한 2021년 5월 운영을 시작한 분성광장은 지역 주민들을 위한 휴식 공간이자 다양한 공연과 축제가 열리는 장소로 활용 중이다. 이곳은 코로나19로 지친 지역 주민들에게 활력을 불어넣는 중요한 공간으로 자리매김하고 있다.

도시 행정은 빨리보다 '함께하는 마음'이 중요한 가치를 지닌다. 예를 들면, 미래의 주역인 청년들과 보폭을 맞추는 것이 대표적인 경우라 할 수 있다. 우리 시는 청년 창업과 지역 상권 활성화를 위해 청년다옴을 조성했는데, 원도심의 역사 문화 자원과 지역 상가 등을 연결해 관광 여행 코스로 이용할 수 있도록 재구성한 것이다. 또한 원도심 안내 정보 체계를 구축해 다양한 문화를 기반으로 월드 누들 및 푸드에 대한 정보가 공유될 수 있도록 동상동에 〈월드 누들 문화관〉을 조성하기도 했다.

마침내 7년여간의 여정이 끝났지만 본격적인 성장은 이제부터 시작이라고 볼 수 있다. 도시 재생 사업이 진행되는 동안 (사)김해시 도시재생지원센터를 중심으로 동상·회현·부원동 주민

제1호 원도심 재생 사업으로 조성한 남산별곡

들의 도움이 컸다. 주민협의체를 결성해 지속적으로 운영회의를 열었으며, 주민들이 직접 도시 재생 사업에 참여해 그 과정과 결과를 공유했다. 계획이나 사업이 좋은 결실을 맺기 위해서는 '지역민의 공감을 얻어야 하고, 참여의 과정과 결과가 투명해야 하며, 그렇게 공감한 에너지를 더 크게 공유'할 수 있을 때 성장이 이루어진다. 긴 시간 동안 끊임없는 관심과 애정으로 도시 재생 사업에 주민 스스로 마침표를 찍을 수 있었기에 더없이 감사한 마음이다. 국가든, 지자체든 국민의 관심과 참여가 없다면 성장하기 어렵다는 사실을 이 사업을 통해 절실히 깨달았다.

일류는 무엇이 다를까?

도가(道家)의 시조 노자는 『도덕경』에서 "세상의 어려운 일은 모두 쉬운 일에서 비롯되고, 세상의 큰일은 반드시 작은 일에서 시작된다."고 말했다. 우리가 하는 생각은 반드시 행동에 영향을 미친다. 그러므로 현재 상황을 있는 그대로 받아들이는 것도 필요하지만, 때에 따라서는 상상력을 발휘해야 할 필요도 있다. 위기를 기회로 바꾸는 것도 결국 생각의 차이에서 비롯되고, 고난 극복의 해결책 역시 작은 행동을 실천함으로써 이루어질 수 있기 때문이다.

　현재보다 더 나은 미래를 만들기 위해서도 마찬가지다. 그러한 생각과 마음 자세로 어떤 일을 구상한다면, 애초 상상하지 못했던 큰일도 이루어내는 법이다. 튼튼하고 멋진 배를 만들기 위해서는 그 배가 항해할 큰 바다를 상상하며 꿈을 키워야 한다. 그렇게 상상하며, 그 꿈을 실천하기 위해 꾸준히 노력하다 보면 결국 불가능한 일도 이루어낼 수 있으리라 믿는다.

　대한민국은 이제 세계 경제 순위 10위권에 도약했을 정도로 눈부신 발전을 이루었다. 천연자원이 절대적으로 부족한 환경에도 불구하고 고부가가치 산업과 각종 콘텐츠를 개발해 세계인을 놀라게 했다. 부단한 노력의 결과로 경제 선진국의 자리에 오를 수 있었던 것이다. 하지만 현재에 안주해 있을 수만은 없다. 언제라도 세계 경제는 흔들릴 수 있기 때문이다. 우리나라는 수출에 중점을 두고 주력 산업을 구축해 왔다. 그렇다면 앞으로 미래 세대의 먹거리를 위해서 무엇을 해야 할까? 빠르게 변화하는 세계 속에 미래의 자원 확보를 위해 준비하고 그에 맞춰 실행해야 할 시기가 다가왔다.

　우리나라는 삼면이 바다로 둘러싸인 반도 국가다. 세계 지도를 살펴보면 우리처럼 반도인 국가는 발칸반도에 있는 알바니아와 그리스가 대표적이다. 또한 스페인과 포르투갈, 이탈리아,

스웨덴, 덴마크, 노르웨이 등도 반도 국가에 속한다. 이들 국가가 어떤 정책을 수립하고 실행하는지 눈여겨보면서, 동시에 우리나라만이 할 수 있는 특장점을 찾아내야 한다. '가장 한국적인 것이 가장 세계적인 것'이라는 말의 의미를 되새겨 적용할 필요가 있다.

김해시는 ㈔한국도시설계학회와 함께 지난 12월 12일, 김해 중소기업 비즈니스센터에서 〈2023 동북아 물류 플랫폼 정책세미나〉를 개최했다. 이는 우리 시가 추진 중인 여러 사업 가운데 핵심으로, 동북아 물류 플랫폼을 유치하기 위한 사업 방향과 전략 등을 세우고자 하는 노력의 일환이다. 우리 시는 지난해 10월 ㈔한국도시설계학회와 업무협약식을 체결했다. 민선 8기 시정의 주요 공약 사업인 동북아 물류 플랫폼 조성 사업은 김해시뿐만 아니라 대한민국의 미래 경제의 한 축으로서 그 역할을 다할 것이 자명하다. 그러한 이유로 김해시와 학회를 중심으로 다양한 분야에서 활동하는 전문가를 섭외해 도시 계획과 개발 분야 관련 네트워크를 형성했다. 이런 노력은 2023년도에 더욱 구체화되었으며, 동북아 물류 플랫폼 유치를 통해 김해시는 미래를 향해 더욱 진화할 것으로 보인다.

"전문가와 함께하는 세미나는 다양한 주제를 바탕으로 실질적이고 구체적인 아이디어가 공유됩니다. 이처럼 전문가와 시민들의 적극적인 관심과 참여는 김해시가 동북아 물류 플랫폼 유치에 성공하는 데 초석이 될 것입니다."

〈2023 동북아 물류 플랫폼 정책세미나〉를 주도하며 밤낮없이 열정을 쏟고 있는 홍태용 시장의 말속에서 사업을 향한 강한 의지를 엿볼 수 있다.

그동안 우리는 경제·사회·문화 등 다방면에서 놀라운 성장을 이룩했다. 나무의 나이테처럼 각각의 시대마다 뚜렷한 어젠다가 있었다. 과거와 달리 다가올 시대는 생각의 차이가 만들어 놓은 커다란 혁신과 변화가 미래 사회의 핵심 키워드가 될 것이다. 나는 여기에 '일등'보다 '일류'를 추구하는 공동체 정신을 더하고 싶다. 일등은 단 한 명뿐이지만 일류는 그룹이기도 하면서 전체를 이끄는 원동력이 되기도 한다. "넘버 원보다 온리 원"을 외치는 미래 세대와 함께 일류가 되기 위한 성장을 멈춰서는 안 될 것이다.

청년이 살고 싶은 도시, 김해 만들기 추진

"청년이 미래다!"라고 말하기는 쉬워도 젊은 세대를 위해 경제·사회·문화 등 각 분야의 기반을 닦아놓는 것은 간단하지 않다. 무언가를 이루기 위해서는 '생각의 경계를 넘어서는 진화'가 필요할 때가 있다. 그런 것들 가운데 하나가 바로 '보편성을 깨뜨리는 변화의 시작'이라고 생각한다. 실리콘밸리의 창의적 벤처사업가들이 주로 상상하는 방식이 하나 있다. 그것은 바로 "제로 투 원(ZERO TO ONE)"이다. 그들은 99개에 하나를 더해 100을 완성하는 것보다, 0에서 1을 만드는 창의적인 활동이 훨씬 더 가치있고 중요하다고 말한다.

애플(Apple)사를 떠올리면 전 CEO이자 공동 창업자였던 스티브 잡스(Steve Jobs, 1955~2011)가 생각난다. '애플' 하면 스티브 잡스가 연상되는 데는 그럴 만한 이유가 있다. 잡스가 워즈니악, 로널드 웨인과 함께 애플을 설립한 것은 1976년이다. 변변한 연구실은커녕 사무실조차 마련하기 힘들었던 그들은 캘리포니아의 한 창고에서 자신들이 직접 설계하고 수공으로 제작한 애플 컴퓨터를 만들었다. 잡스와 그의 동료들이 만든 첫 번째 컴퓨터 "애플-1"은 현재 수십 대밖에 남아 있지 않고, 2016년에는 한 경매시장에서 낙찰가 81만 5,000달러에 팔렸다. 우리 돈으로 환산하면 10억 6,000만 원이 넘는 엄청난 가격이다.

잡스는 터치 스크린을 통해 손끝으로 모든 프로그램과 전화 기능을 조종할 수 있는 혁신적인 아이폰을 공개하면서 또 한 번 전 세계의 이목을 끌었다.

스티브 잡스에게도 시련의 순간은 많았다. 1985년 잡스는 자신이 창업한 바로 그 회사, 자신의 모든 것이었던 애플로부터 해고 통지를 받는다. 애플의 경영진은 "잡스는 이상주의자다. 완벽한 제품을 만든다는 고집 때문에 대중의 외면과 시장의 축소를 가져왔다. 그는 해고되어야만 한다."라고 말했다. 잡스는 자신이 세운 '모든 것'으로부터 추방당했지만 결코 좌절하지 않았다. 오히려 "애플에서 해고된 것은 내 인생 최고의 사건이었다."라고 말했다. 그 사건으로 인해 성공이란 중압감에서 벗어나 초심자의 마음으로 되돌아갔고, 인생에서 가장 창의적인 시기로 들어가는 자유가 주어졌다고 여겼다.

스탠퍼드 대학교 졸업식장에서 잡스는 "Stay hungry, Stay foolish."라고 강조했다. 우리말로 옮기면 "끊임없이 갈구하라. 바보짓을 두려워하지 말라."로 풀이할 수 있다. 이 말은 수많은 젊은이들에게 삶의 비전이자 동기부여가 되었다. 전 세계인이 여전히 그의 말을 인용하면서 새로운 도전에 나서고 있다.

나는 그의 말 가운데 "Connecting the dots"라는 말을 좋아한다. "점을 이어 나가라."라는 그의 말속에 담긴 의미는 우리가 하는 모든 일, 즉 생각이나 행동은 미흡할 수 있으나 모두 의미 있다는 말이다. 현재에는 불분명해 보이는 작은 '점'에 불과한 일들을 잇다 보면, 미래의 어느 순간 선으로 이어지는 결과를 마주할 수 있다는 명언이다.

김해시 부시장으로 재임하는 동안 마지막 사업으로 추진하는 것이 있다. 바로 〈청년정책 5개년(2024~2028)〉이다. 김해시는 청년이 살고 싶은 도시가 되기 위해 '점'을 하나 새로 찍었다. 내년부터 5년간 4대 전략과 47개 세부 사업으로 추진되는 프로젝트는 '청년의 삶을 보듬고 생애 주기별 맞춤 정책을 실현'하는 것에 중점을 둔다. 〈청년정책 5개년(2024~2028)〉의 주요 4대 전략의 내용은 다음과 같다.

첫째, 교육기·구직기 청년들의 '도약을 위한 첫걸음'이다. 김해시는 로컬 대학 지역 인재 매칭 지원, 관내 기업과 대학 일자리 현장 실습 지원, 김해 청년 창업·창직 지원 등의 사업을 추진한다. 이를 통해 청년들의 경쟁력 강화를 위한 자기 개발, 진로 탐색, 사회 진입 역량 제고 등에 초점을 맞춰 사업을 지원한다. 또한 경제적·환경적인 문제로 도약의 발판을 마련하지 못한 청년이 없도록 은둔 고립 청년, 보호 종료 아동 등에 대한 지원을 강화하기 위한 15개 사업도 함께 추진한다.

둘째, 취업과 창업을 시도하는 사회 진입기 청년들의 '도전을 위한 발걸음'이다. 청년 콘텐츠 우수 인재를 육성하고 취업 연계 프로그램과 함께 운영하며, 김해 청년 주거지원 프로그램 운영, 청년마음 건강지원 등 13개 사업도 병행한다.

김해형 청년정책 5개년 기본 계획 수립 최종 보고회 (2023년 11월 27일)

  셋째, 취업과 창업에 성공해 경제적·사회적 자립을 도모하는 정착기 청년들의 '미래를 위한 큰 걸음'이다. 김해시에 있는 중소기업 청년 근로자들에게 복지 포인트를 지급하고, 신혼 첫 주택 리모델링 사업을 지원하며, 틈새 아이돌봄 지원 사업과 함께 행복한 청년부자 아카데미 등을 운영한다. 이를 통해 김해시 청년들의 일자리 안정과 아이돌봄 지원, 자산 형성 등 7개 부문에 걸쳐 체계적인 생활 안정 지원 사업으로 청년들의 지역 정착을 유도한다.

  넷째, 모든 청년이 하나가 되어 참여하는 '함께하는 한 걸음'이다. 청년들의 공유 공간인 Station-G를 건립하고, 김해 청년 문화 거리를 조성하며, 김해 청년 유랑기, 청년 활동 마일리지 제도 등 정책 결정 과정에서 김해의 청년이 주도적으로 참여하고 확대될 수 있도록 구성했다. 이를 통해 김해시 청년의 권익과 문화뿐만 아니라 복지가 있는 삶을 보장하기 위해 12개 사업을 추진한다.

홍태용 김해 시장을 중심으로 추진 중인 〈청년정책 5개년 (2024~2028)〉 프로젝트는 '현재라는 시점에 점 하나씩을 이어 김해시의 미래를 책임질 청년들의 삶'을 연결해 나가는 일이다. 나는 이 사업을 기획하고 실행하는 동안 수많은 청년들과 마주하는 자리를 만들었다. 그들은 흙수저와 금수저로 구분되는 세대가 아니라, 자신의 꿈을 믿고 미래를 향해 나아가기 위해 노력하는 젊은이들이다. "주저하지 마라! 젊은 시절에, 아무것도 잃을 것이 없을 때 무엇이든 하라. 그리고 항상 이를 명심하라."라고 한 스티브 잡스의 명언을 조심스럽게 건네고는 한다. 김해의 미래가 우리 청년들에게 있음은 두말할 필요가 없기 때문이다.

나의 퇴임사

여러분, 반갑습니다.

오늘 저의 퇴임식 자리를 마련해 주신 홍태용 시장님을 비롯한 2,000여 김해시 동료 직원 여러분께 감사의 말씀을 드립니다.

31년 전, 공무원을 시작할 때 낭독했던 공무원 선서를 먼저 떠올려 봅니다.

'나는 대한민국 공무원으로서 헌법과 법령을 준수하고, 국가를 수호하며, 국민에 대한 봉사자로서의 임무를 수행할 것을 엄숙히 선서합니다.'

지금 시점에서 제가 이 선서의 내용을 충실히 이행했는지를 자문해 봅니다. 국민을 위한 봉사자가 되겠다는 신념을 제 나름대로 충실히 수행했느냐고 물으신다면 100%는 아니지만 주어진 위치에서 최선을 다했다는 말씀을 드리고 싶습니다.

인간은 나약한 존재입니다. 그러나 신념을 갖고 인생을 개척하는 것 역시 사람만이 해낼 수 있다고 봅니다.

돌이켜보면, 1992년 스물일곱 살에 행정고시에 합격한 후 총무처, 내무부를 거쳐 경상남도와 거제시, 창원시, 김해시에 근무하기까지 그야말로 숨 가쁘게 앞만 보고 달려왔습니다. 제 나름대로 국민을 위한 봉사자로서 충실히 직분을 수행했다고 자신하지만 동료 직원들이 얼마나 제 생각에 공감하실지를 자문해 본다면 겸허한 마음이 드는 것도 사실입니다.

지난 30년간은 고향인 경남에서 공직으로 봉사하고 싶다는 마음으로 달려온 시간이었습니다. 아쉬움이 없을 수 없겠지만 공직자로서 크게 부끄럼 없이 살았기에 후회는 하지 않겠습니다. 특히, 여러분과 함께한 김해에서의 시간은 더욱 특별한 순간으로 기억하겠습니다. 아마 제가 역대 최장수 김해시 부시장이라는 기록을 남겼다고 알고 있는데 2021년 7월 1일자로 김해시로 부임했으니 오늘까지 정확히 2년하고도 5개월 20일입니다. 저도 이렇게까지 오래 있을지는 몰랐는데 생각해 보면 오래 있었기 때문에 김해라는 도시에 애정을 가질 수밖에 없지 않았나 생각합니다.

인구 56만, 전국 15대 대도시이자 경남 발전을 견인하는 중심 도시답게 김해는 참 현안도 많고 그만큼 복잡한 의사 결정을 요하는 일들이 많았습니다. 특히, 코로나19를 비롯해 이전에 볼 수 없었던 각종 재난·재해 상황에서 여러분과 함께 머리를 맞대고 하나씩 하나씩 문제들을 해결해 갔던 열정의 시간들은 오래도록 제 머리와 가슴 속에 남아 있을 것입니다.

물론 저와 일을 하면서 힘들기도 했을 것입니다. 그러나 아무

김해 부시장 퇴임식날 아내와 함께 (2023년 12월 21일)

리 사소한 것이라도 허투루 보아 넘긴다면 나중에 큰 대가로 돌아오기에 변명 같지만 더 꼼꼼히, 더 세밀히 업무를 살펴보라는 주문을 할 수밖에 없었음을 여러분께서 이해해 주시리라 믿습니다.

마지막으로 여러분께 두 가지 당부 말씀을 드리겠습니다.

하나는, 원칙과 소신을 지켜주셨으면 좋겠습니다. 공직 생활을 하다 보면 원칙과 소신이 흔들리는 순간과 늘 맞닥뜨리게 됩니다. 그렇지만 당장의 순간을 모면하기 위해 원칙과 소신을 저버린다면 반드시 곤란한 상황을 맞이할 수밖에 없습니다. 긴 호흡을 가지고 사안을 내다보면 반드시 길이 열리고 어리석은 선택을 하지 않을 수 있습니다.

김해 부시장 퇴임식 (2023년 12월 21일)

　또 하나는 관계를 소홀히 하지 않았으면 좋겠습니다. 여러 가지로 부족한 제가 무탈하게 공직 생활을 할 수 있었던 것은 따지고 보면 주변의 도움과 사랑이 있었기에 가능했습니다.

　혼자서 할 수 있는 일이 사실은 그리 많지 않습니다. 더욱이 시민의 행복을 책임지는 여러분은 서로 협력하고 함께 머리를 맞댈 일이 갈수록 많아질 것입니다. 서로를 이해하고 좋은 관계를 쌓아 나간다면 앞으로의 공직 생활이 더욱 순탄하게 이어질 것이라 생각합니다.

　인생에서 출발도 중요하고, 과정도 중요하지만 무엇보다 마무리가 제일 중요하다고 생각합니다. 그런 의미에서 공직 생활의 마지막을 김해시 부시장으로 마무리하는 것은 영원히 잊지 못할 추억이 될 것입니다.

마지막으로 탁월한 소통 능력과 선택과 집중의 도시 경영 철학으로 김해 시정의 색깔을 완전히 바꾸어 놓으신 홍태용 시장님께 진심으로 감사드리고, 그동안 정이 많이 든 간부 공무원은 물론 우리 2,000여 시청 가족 여러분께도 머리 숙여 감사드립니다.

아울러 공직 생활 내내 조용히 내조해 주고, 성원해 준 가족에게도 오늘만큼은 용기를 내어 '고맙고, 사랑한다.'는 말을 전합니다. 특히, 저에게 부모님은 이제 장모님 한 분뿐입니다. 항상 옳은 길을 가라는 말씀을 명심하고 실천하도록 노력하겠습니다.

저는 이제 공직자로서 짐을 내려놓고, 새로운 인생을 맞이하려 합니다. 제가 어떤 길을 가더라도 김해시에서 2년 반 동안 맺은 여러분과의 인연은 계속되리라고 확신합니다. 그 소중한 인연을 바탕으로 앞으로 제게 새롭게 주어질 소명을 잘 감당하며 열심히 살아가겠습니다. 그리고 그리 멀지 않은 곳에서 내년도 메가 이벤트를 훌륭하게 치러낼 김해를 뜨겁게 응원하겠습니다.

김해시 직원 여러분, 늘 건승하시고 행복하시길 기원합니다.

그동안 정말 고맙고, 감사했습니다.

김 석 기

김석기의 사진이야기
경력이 미래를 만든다

제7장
초점을 맞추기 전까지
햇빛은 아무것도 태우지 못한다

새로운 문을 열다

모든 일에는 때가 있다. 인간의 세상이나 자연의 세계나 마찬가지다. 비록 가난했지만 현명하신 어머니는 늘 "세상 모든 일에는 다 때가 있으니 너무 서두르지도 말고, 그렇다고 게을리해서도 아니 될 것이야."라고 말씀하셨다. 이 한 마디는 인생을 살아내고, 험난한 고비를 넘을 때마다 내 마음속 든든한 버팀목이자 나침반이 되었다.

자연계는 인간 세계보다 훨씬 더 정교하고 정직하다. 봄이 오면 어김없이 새싹이 돋고 꽃이 핀다. 이것은 겨울의 혹독한 추위가 있기 때문에 가능하다. 단단하게 얼어붙은 대지를 뚫고 돋아난 새싹은 봄과 여름, 그리고 가을이 되면 결실을 맺기도 한다. 대자연은 그렇게 품은 것들, 열매와 곡식 등을 인간에게 아낌없이 내준다. 우리는 그것으로 굶주린 배를 채울 수 있으며, 그렇게 얻은 자연의 에너지로부터 험한 세상을 살아낼 수 있는 것이다.

나는 어머니의 말씀과 자연이 주는 곡식을 먹고 성장했다. 그렇게 지금 나의 인생 시계는 '가을' 즈음에 다다랐다. 이제 내 손길과 정성을 쏟아부은 결실을 모아 다른 사람을 위해 써야 할 시간이라 여겨졌다. 자연이 내게 그러했듯이, 이젠 내가 이웃과 지역 주민들 그리고 더 나아가 우리나라 국민을 위해 무엇을 할 수 있는가를 되묻고는 했다. 새로운 문을 열기 전까지 채우고 채우다 보니 생각 주머니가 넓고도 깊어졌다.

"초점을 맞추기 전까지 햇빛은 아무것도 태우지 못한다."라는 말은, 미국의 과학자이자 발명가인 알렉산더 벨이 남긴 격언이다. 수많은 도전에는 그만큼의 실수와 실패의 시간이 '지혜라는 경험'으로 쌓이게 된다. 누군가는 고난의 시간을 견디지 못해 포기하고, 또 다른 누군가는 그런 경험을 통해 얻은 지식과 지혜를 타인들에게 나누어 준다.

벨이 남긴 말을 좀 더 확장하면, 국민 여러분이 '햇빛'이라면 내가 해야만 하는 일은 '초점'을 맞추는 일일 것이다. 지역 사회의 경제와 문화, 복지와 정책 등이 국민을 위해 초점을 맞출 때, 비로소 불씨가 살아날 것이다. 나는 지난 31년간 공직자로서 소임을 다하는 동안 단 한 가지 생각, 즉 "지역이 되살아나야 대한민국의 성장과 미래가 있다."라고 믿게 되었다. 그 믿음이 나로 하여금 국민을 위한 정치, 대한민국을 위한 정치라는 문을 열게 만들었다.

길 위에서 묻다

나는 지난 31년 동안 공직자의 삶을 살아왔다. 자연의 사계처럼 인생의 희로애락을 경험한 시간들이 적지 않았다. 누군가 "공직 생활에 마침표를 찍으니 마음이 어떤가요?"라고 물었다. 나는 마침표가 아니라 느낌표라고 말하면서, "공복(公僕)의 시간을 지내 오는 동안 여러 가지 경험을 통해 생각하고, 느끼고, 행동하면서 느낀 점이 많았다."라고 답했다. 그러고는 "그동안 얻은 귀한 경험에 마침표를 찍지 않고, 다시 국민 여러분이 감탄할 수 있는 느낌표를 찍는 일에 나서려고 한다."라고 소회를 밝혔다.

그는 "그동안 잘 쌓아 온 이력을 왜 험난한 정치판에서 사용하려고 합니까? 지저분한 곳에서 몸과 마음을 더럽히지 말고 좀 더 나은 일을 할 수도 있지 않습니까?"라고 되물었다. 나는 공직자로서 생활하는 동안 아껴 왔던 말, 한 번도 입 밖으로 꺼내지 않은 말을 들려주었다. "정치를 외면한 가장 큰 대가는 가장 저질스러운 인간에게 지배당하는 것이다."라고. 정치가 국민을 위해 다가가지 못하니 외면당하는 것이라고 부연했다. 그러고는 국민의 삶 가장 가까운 곳에 있어야 할 정치를 위해 해야 할 몫을 다하겠다는 다짐을 들려주었다.

기원전 고대 그리스의 철학자이자 사상가였던 플라톤조차

'정치가 쉽지 않다.'는 것을 알고 있었을 것이다. 또한 수천 년 동안 이어져 온 정치를 나 혼자의 힘으로 바꿀 수 있다고는 결코 생각하지 않는다. 그러나 수천 년의 세월 동안 나와 같은 마음으로 정치를 국민을 위해 사용하려고 노력한 이들 또한 적지 않았을 것이다. 흔히 '정치는 살아 있는 생물'이라고 말한다. 이는 가진 에너지를 사용해 선한 방법, 옳은 방향으로 움직일 수 있다는 말과 같다. 그와 이야기를 마친 후 "나는 왜 정치라는 문을 열고 길을 나서려고 하는가?"라고 나 자신에게 물었다. 그리고 "지금이야말로 문을 열고 나설 때"라고 스스로에게 답했다.

지역과 사람을 위한 정치가 필요하다

지난 12월 21일, 창원 시청 프레스센터에서 기자회견을 가졌다. 내년 4월 10일에 치러지는 제22대 국회의원 선거 창원 성산 지역구 출마를 선언하는 자리였다. 공직자로서의 마침표가 아닌, 국민에게 느낌표를 건네기 위한 첫 공식 자리였다. 나는 무엇보다 "지금 우리의 삶, 그 터전인 동시에 우리 아이들의 미래 터전인 창원을 위해 헌신하겠다."고 말문을 열었다. 창원을 수도권에 사는 시민들이 부러워하는 일등 도시로 만들기 위한 청사진을 꺼내 놓았다. 창원은 우리나라 어느 지역과 비교해도 뒤처지지 않는 '산업이 가장 융성했던 도시'이면서 '성장 동력의 불이 꺼지지 않던 도시', '전국의 젊은이들이 일자리를 찾아 몰려들던 도시'였다.

1992년 행정고시 합격 후 중앙 부처에서 창원으로 내려온 이유도 '창원의 성장 가능성과 그 미래'를 이미 알고 있었기 때문이다. 나는 망설임 없이 창원에서 근무할 것을 결정했던 것이다. 하지만 그 당시 내가 느낀 미래의 도시, 성장의 도시 창원은 어디로 사라졌는가? 수도권으로 떠나는 창원의 젊은이들이 해마다 늘고 있고, 창원의 인구 감소는 심각한 수위에 다다랐다. '나의 고향 창원'이 소중한 '우리 아이들의 고향 창원'이 될 수 없겠다는 위기감, 그런 절박함이 나를 지금 이곳에 서 있게 한 것이다. 오랜 세월 지방 행정의 정책과 운용, 확장성을 위해 발로 뛰었다. 이젠 중앙 정치와 지방 정치를 연결해 불이 꺼져 가는 창원에 '빛과 불의 에너지를 다시 일으켜야 한다.'고 생각한다. 나는, 내가 무엇을 할 수 있다고 말할 생각이 없다. 다만, 나는 무엇을 여러분과 함께 하고 싶고, 또 할 수 있다는 믿음에는 변함이 없다.

창원의 행복은 과거가 아닌 '지금 바로 여기'에서 시작할 것이다. 나와 길을 함께하는 수많은 동료가 있고, 전국 어디에서도 볼 수 없는 애향심을 지닌 창원 시민 여러분이 있기 때문이다. 그러니 우리 아이들이 미래를 열고 행복하게 살아갈 수 있는 '새로운 창원을 위한 도전'에 망설일 이유가 없는 것이다. 프레스센터로 가는 길에 생각했다. 내 삶에서 가장 행복한 날은 언제인가? 곧이어 '바로 오늘!'이라고 스스로에게 답했다. 내 삶에서 가장 절정의 날은 언제인가? 나는 다시 '바로 오늘!'이라고 생각했다. 그리고 내 삶에서 가장 소중한 순간은 언제인가? 나는 '바로 지금!'이라고 답했다.

나는 이토록 행복한 순간, 인생의 절정기, 소중한 시간을 모아서 창원 시민들을 위해 쏟아부을 것이라고 다짐한다. 현재와 미래의 창원 시민들에게 가장 필요한 것은 '우리도 행복할 수 있다는 위대한 믿음'이라고 여기면서.

제22대 국회의원 출마 선언문

존경하는 창원 시민 여러분! 제22대 국회의원선거, 창원 성산구 지역구 국민의힘 예비후보 김석기입니다.

저는 국가산단이 들어선 성산구 성산(새터마을)에서 태어났습니다. 대한민국 경제의 중심축으로 경남의 발전, 지역 경제 발전을 견인한 심장부에서 유년 시절을 보냈고, 1974년 산단 개발로 보금자리를 옮겨 꿈 많던 청소년기를 보낸 곳이 중앙동이었습니다.

소년에서 청년으로 성장하는 과정 내내 창원은 수많은 가능성이 열려 있는 일등 도시였습니다. 대학 시절과 고시 준비를 위해 잠시 창원을 떠나 있는 동안에도 다시 돌아올 순간을 기다릴 만큼 넉넉하고 풍요로운 곳이었습니다. 1992년 행정고시 합격 후 망설임 없이 창원으로 내려오던 순간이 지금도 생생합니다.

그런데 지금은 어떻습니까? 비수도권에서 가장 산업이 융성했던 도시, 공단의 불이 꺼지지 않던 도시, 전국의 젊은이들이 일자리를 찾아 몰려들던 도시 창원의 성장 엔진이 점점 꺼지고 있습니다.

최근 10여 년 전부터 양질의 문화와 일자리를 찾아 수도권으로 떠나는 청년이 늘어나면서 인구도 지속적으로 감소해 특례

시 요건인 100만 명을 간신히 넘기는 수준입니다.[1] 2026년에는 100만 명 아래로 감소될 전망이라니 '내 고향 창원'의 내일이 정말 걱정스럽습니다.

국민의 신뢰를 잃은 제21대 국회가 대내외적인 경제 위기에 대응하지 못하면서 서민 경제는 벼랑 끝으로 내몰리고 있습니다. 한국의 고도성장을 주도했던 제조업 기반 경남 경제는 경쟁력과 활기를 잃어가고 있습니다. 노후화된 창원 국가산단은 새로운 일자리를 만들지 못하고 있습니다. 지금의 창원에서 여러분은 어떤 꿈을 꾸고, 또 어떤 변화를 희망하고 계십니까?

저 김석기는 지난 30여 년간 경남도 남해안기획관, 경제통상본부장, 서부지역본부장, 도의회 사무처장으로 일하면서, 그리고 거제시, 김해시, 창원시 제1부시장의 직책을 수행하면서 지역을 위해 부지런히 뛰어다녔습니다. 열심히 듣고 열심히 소통하면서 지역이 가진 무한한 가능성을 확인하는 시간이기도 했습니다.

제가 창원으로 돌아온 지 27년입니다. 앞으로의 30년, 아니 50년, 100년을 생각하면서 오직 '지역'에 집중했던 지난 30년의 행정 경험을 우리 지역을 위해 쏟아보고자 합니다. 저 김석기가 그랬던 것처럼 우리 청년들이 창원을 떠나지 않고, 다시 창원으

---

1) 2022년 주민등록 인구 기준 1,021,487명. 2023년 11월 기준 9,998명. 2010년 통합 창원시 출범 당시 100만 명을 정점으로 지속적으로 감소하고 있다.

로 돌아와 가정을 꾸리고 안정적인 삶을 이어갈 수 있도록, 내일의 꿈을 꿀 수 있도록 더 열심히 뛰기 위해 이 자리에 섰습니다.

창원 국가산단을 중심으로 다시 미래 먹거리를 만들고, 대한민국 1호 계획도시 창원의 인프라를 확충해 우리의 고향, 여러분의 삶터인 창원을 더 살기 좋은 도시로, 수도권이 부러워하는 일등 지역으로 만들어 보고 싶습니다.

창원은, 이곳 성산구는 우리나라 어느 도시보다 회복 탄력성이 뛰어난 젊은 도시입니다. 지역의 문제가 무엇이고, 어떤 변화를 준비해야 하는지 저와 함께 고민합시다. 다양한 공직 경험과 인적 네트워크를 총동원해 창원을 다시 일으키기 위해 헌신하겠습니다. 저 김석기는 창원의 발전, 특히 성산구의 경쟁력을 높이기 위해 다섯 가지를 약속드립니다.

첫째, 창원 국가산단 구조를 대개혁해 신산업을 육성하고 지원해서 노동자들이 일자리를 걱정하지 않는 도시로 만들겠습니다.

둘째, 지역 대학의 경쟁력을 높이고, 지역 산업체 고용 인센티브 확대, 창업·취업교육·문화를 함께하는 청년 공유 공간을 확대하여 청년들이 정주할 수 있는 환경을 꼭 만들겠습니다.

셋째, 단독·공동 주택을 망라해 주거 환경을 폭넓게 살피고 과

도한 규제는 없애겠습니다. 주변이 아닌 도심에 임대 주택을 확충하여 서민과 청년들의 내 집 마련 걱정을 덜어드리겠습니다.

넷째, 코로나 이후 어려움을 겪고 있는 자영업자와 소상공인들이 지역 경제의 실핏줄이 될 수 있도록 자영업과 소상공인 보호와 지원에 적극 나서겠습니다.

다섯째, 지역의 교육 및 교통·관광 인프라를 확충해 사람들이 찾아오는 도시로 만들겠습니다. 교육 발전 특구를 선정하고 창원-김해 진례터널 조기 개통, 삼귀해안에 해양리조트 등 관광 시설을 유치해 수도권보다 편리하고 살기 좋은 도시를 만드는데 온 힘을 쏟겠습니다.

지역이 살아야 대한민국에 미래가 있습니다.
반드시 창원 경제 살려서 창원을 다시 빛내보겠습니다.
열심히 뛰어다니겠습니다. 열심히 듣겠습니다.

창원 시민 여러분! 존경합니다. 사랑합니다.

2023년 12월 21일

김 석 기

글 **김석기**

경상남도 창원 출생
창원 상남초등학교 졸업
창원남중학교 졸업
마산고등학교 졸업
고려대학교 행정학과 졸업
고려대학교 대학원 행정학 석사
창원대학교 대학원 행정학 박사
행정고시 합격(1992)
마산시 기획경제국장
경상남도 문화예술과장
경상남도 남해안기획관
거제시 부시장
경상남도 경제통상본부장
창원시 제1부시장(시장 권한대행)
경상남도의회 사무처장
김해시 부시장
2023년 12월 21일 퇴임

포상
법제처장 표창(2001. 12. 31.)
대통령 표창(2003. 12. 31.)